Träum schön, kleiner Bär

Katharina Mauder (Hg.) · Dorothea Ackroyd

Träum schön, kleiner Bär

Die schönsten Geschichten
zur guten Nacht

Kaufmann Verlag

Bibliografische Information der Deutschen Bibliothek
Die Deutsche Bibliothek verzeichnet diese Publikation in der
Deutschen Nationalbibliografie; detaillierte bibliografische Daten
sind im Internet über http://dnb.ddb.de abrufbar.

1. Auflage 2012
© 2012 Verlag Ernst Kaufmann, Lahr

Printed by Leo Paper
ISBN 978-3-7806-2864-0

Inhalt

Kurztext ⭐   2–3 Minuten ⭐⭐   über 3 Minuten ⭐⭐⭐

In die Kissen gekichert

Nirgends ist es wie im Bett, so gemütlich und so nett

Leise, Leise, Leise, der Mond geht auf die Reise

Und er segelt mit den Träumen durch die große blaue Nacht

Wenn's nur nicht so dunkel wär

Wenn die Kleinsten schlafen gehen

Ein schöner Tag

von Ursula Wölfel

Die Eltern und Anja verreisen am Wochenende. Kilian soll mit Großvater zu Hause bleiben.

„Immer darf die Anja mitfahren und ich nicht!", sagt Kilian.

Großvater sagt: „Wir beide machen uns morgen einen schönen Tag. Du kannst dir wünschen, was wir tun sollen. Es darf nur nicht zu viel Geld kosten."

„Dann möchte ich den ganzen Tag tun, was ich will", sagt Kilian. „Und du musst mitmachen."

„Einverstanden", sagt Großvater.

Am Sonntagmorgen läuft Kilian im Schlafanzug in die Küche. Großvater ist auch schon wach.

„Ich hab' Hunger!", ruft Kilian.

Großvater sagt: „Wasch dich schnell. Ich mache das Frühstück."

„Heute wasche ich mich doch nicht!", ruft Kilian.

„Soll mir recht sein", sagt Großvater. „Und was gibt es zum Frühstück?"

„Für jeden drei Rühreier", sagt Kilian. „Und ich trinke Apfelsaft dazu. Du kannst dir ja Kaffee kochen."

Sie essen die Rühreier gleich aus der Pfanne.

„So schmecken sie wirklich am besten", sagt Großvater.

Kilian zieht sich an.

„Jetzt müssen wir wohl ein bisschen aufräumen", sagt Großvater. „Und unsere Betten müssen wir noch machen."

„Kommt nicht in Frage!", sagt Kilian. „Heute wird nichts aufgeräumt."

„Gut", sagt Großvater. „Wie du willst."

Kilian spuckt vom Balkon auf den Hof hinunter.

„Aber Kilian!", sagt Großvater.

Kilian sagt: „Spucken kostet doch kein Geld. Kannst du das Papier neben der Mülltonne treffen?"

Großvater und Kilian spucken um die Wette. Großvater trifft das Papier.

„Du bist Sieger!", ruft Kilian.

„Was tun wir jetzt?", fragt Großvater.

Kilian sagt: „Das Wetter ist schön. Wir gehen verrückt spazieren. Jeder muss etwas Verrücktes anziehen."

Kilian zieht seine Schwimmflossen an. Er setzt die Taucherbrille und den Schnorchel auf.

Großvater leiht sich Kilians Pudelmütze. Er wickelt sich einen dicken Winter-schal um den Hals, und er zieht Fausthandschuhe an.

„Das ist gut!", ruft Kilian.

So gehen sie in den Park. Großvater schwitzt in den dicken Sachen. Kilian platscht mit den Schwimmflossen neben ihm her.

Die Leute auf der Straße und im Park bleiben stehen. Sie sehen den beiden nach. Die Kinder zeigen mit dem Finger auf Großvater und Kilian. Eine Frau

schimpft. „So ein Unfug!", ruft sie. Aber die anderen lachen, und Großvater und Kilian lachen am meisten.

Zum Mittagessen kochen sie sich nichts. Sie essen nur Wurstbrote und saure Gurken und Pflaumenkompott.

Kilian bohrt in der Nase.

„Aber Kilian!", sagt Großvater wieder.

„Heute darf ich doch alles", sagt Kilian. „Und Nasebohren kostet nichts."

„Stimmt", sagt Großvater.

„Und jetzt möchte ich eine Autobusreise machen", sagt Kilian.

Sie fahren mit vier verschiedenen Bussen kreuz und quer durch die Stadt. Kilian tut so, als wäre er ganz fremd hier. Großvater muss ihm alles zeigen: das Rathaus, den Marktplatz, die Altstadt, die große Kirche, die Denkmäler, den Sportplatz, das Hallenbad, das Theater, die Kaufhäuser und die Fabriken.

„So, so", sagt Kilian. „Das ist also das Rathaus?" Oder er sagt: „So, so, ein Hallenbad gibt es hier auch?" Und er fragt: „Gibt es in dieser Stadt auch ein Eiscafé?"

„Natürlich!", ruft Großvater. Und sie gehen Eis essen.

Im Dunkeln kommen sie nach Hause.

Großvater fragt: „Und was tun wir jetzt?"

Kilian gähnt. Er sagt: „Mir fällt nichts mehr ein. Sag du mal, was wir jetzt tun sollen."

„Vielleicht gehen wir schlafen?", fragt Großvater.

Faultier-Träume

von Gina Ruck-Pauquet

Tief, tief im Urwald, im grünen Regenwald wohnt das Faultier. Es hängt zusammengerollt am Ast eines Baumes und träumt. Und im Traum lächelt es.
Sonst tut es nichts.

Wenn man nun bedenkt, wie groß der Urwald ist und wie klein das Faultier, so möchte man meinen, dass es niemanden stört. Aber im Dschungel ist es nicht anders als anderswo auch: Man kann machen, was man will – einen stört man immer!

„Weg da!", schrie eines Tages so ein Affenvieh, das hinter einer Orchidee hervorschoss. „Ich will da hin!"

„Kannst du nicht woanders hingehen?", sagte das Faultier freundlich. „Ich war nämlich immer schon hier."

„Und?", sagte der Affe. „Dann ist es erst recht Zeit, dass du dich mal fortbewegst! Faultier!", schimpfte er. „Faules Tier! Stinkfaules Fellbündel, du!"
Und er sprang davon und keifte noch in der Ferne.

„Ist ja auch wahr!", brummte das Nilpferd. „Diese ewige Schlafmütze!"

„Tut nichts! Nichts! Nichts!", kreischte der Papagei.

„Es ist eine Schande!", sagte der Leopard.

Und das Wasserschwein grunzte was von einem kleinen, dösenden Mistvieh.

„Faul-Tier!", sagte das Krokodil und spuckte aus.

Das Faultier war ärgerlich. Schließlich hatte es niemandem was getan. Als die Schlange vorbeikam, sprach es sie an.

„Schlange", sagte es, „glaubst du auch, dass ich faul bin?"

„Klar", sagte die Schlange. „Was denn sonst? Läufst du etwa rum? Springst du? Schwimmst du?"

Das Faultier schwieg und dachte lange nach.

„Ich will dir mein Geheimnis verraten", sagte es endlich. „Es ist nämlich so, dass ich eigentlich Traumtier heißen müsste."

„Wieso?", fragte die Schlange.

„Weil ich im Traum die tollsten Sachen tue", sagte das Faultier. „Zum Beispiel spiele ich Klavier."

„Rockmusik?", fragte die Schlange.

„Natürlich", sagte das Faultier. „Und klassisch. Tamt-tam-tam-ting …"

„Das hätte ich nie gedacht", sagte die Schlange. „Was machst du noch?"

„Ich fahre Motorradrennen", sagte das Faultier. „So mit zweihundert Sachen! Prrr, prrrr!"

„Wahrhaftig?", sagte die Schlange. „Wie man sich täuschen kann!", wunderte sie sich. „So was!"

„Aber das ist noch nicht alles", sagte das Faultier. „Ich bin Boxweltmeister im Fellknäuel-Spinnweb-Gewicht. Ich kann jodeln. Und ich spreche Tukanesisch. Da halte ich wichtige Reden!"

Das Faultier führte der Schlange von allem ein bisschen vor. Die Schlange war voller Bewunderung.

„Man soll doch niemanden voreilig beurteilen", sagte sie. „Das war immer schon meine Meinung."

Das Faultier senkte bescheiden den Kopf.

„Das Wichtigste habe ich noch nicht verraten", sagte es dann.

„Was ist es?", fragte die Schlange vor lauter Ehrfurcht im Flüsterton.

„Ich kämpfe!"

„Gegen wen?", fragte die Schlange.

„Gegen die Schurkopanten", sagte das Faultier.

Die Schlange machte ein dummes Gesicht.

„Die Schurkopanten sind die, die den Urwald stürmen wollen", sagte das Faultier. „Sie wollen aus den Schlangen Handtaschen machen!"

„Was!", schrie die Schlange. „Dass mir nicht der Giftzahn schwillt! Und das verhinderst du?", fragte sie dann leise.

„Ja", sagte das Faultier. „Im Traum", sagte es. „Und darum bin ich auch immer müde. Weil ich in meinen Träumen Großes tue. Das strengt an."

Die Schlange nickte. Das sah sie ein.

„Du brauchst deine Ruhe", sagte sie. „Dieses verständnislose Dschungelpack hat ja keine Ahnung!"

Sie verbeugte sich mehrmals. Dann glitt sie davon. Noch während das Faultier in den Schlaf sank, hörte es, wie im Urwald ein Getuschel anhob. Die Schlange hatte es weitergesagt.

Mich wird kein Affe mehr stören, dachte das Faultier.

Dann fing es an zu träumen. Es träumte, dass es ein Faultier war, das rund und mollig an einem Ast hing und lächelte.

Etwas anderes hatte es noch nie geträumt.

Das ganz kleine Gespenst

Nacherzählt von Friedl Hofbauer

Es war einmal ein ganz kleines Gespenst, das wohnte in einer Sandburg. Die Sandburg war fast so groß wie ein vollgepackter Rucksack und hatte hohe Sandmauern rundherum und um die Sandmauer einen Burggraben, aber in dem war das Wasser schon versickert. Den ganzen Tag hatte die Sonne auf die Sandburg heruntergebrannt, sie hatte das Wasser im Burggraben aufgeleckt und die ganze Burg ausgetrocknet.

„Meine Sandburg ist die allerschönste", sagte das ganz kleine Gespenst. Es stand auf der Burgmauer und sah zu, wie der Mond aufging. Das ganz kleine Gespenst marschierte auf der Burgmauer auf und ab.

„Ich muss Acht geben, dass kein Feind kommt", sagte das ganz kleine Gespenst. „Eigentlich ist das nicht meine Sache, noch nie habe ich gehört, dass ein Burggespenst seine Burg bewachen muss. Burggespenster müssen im Mondlicht in der Burg auf und ab wandeln und huhu schreien, sobald jemand kommt. Aber hier kommt ja niemand. Nicht einmal ein Feind. Was ist eigentlich ein Feind?"

Das ganz kleine Gespenst hatte noch niemals einen Feind gesehen. Darum wusste es auch nicht, wie ein Feind aussieht und was ein Feind tut.

„Bist du ein Feind?", fragte das ganz kleine Gespenst den Mond.

„Nein", antwortete der Mond. „Es wird auch kein Feind kommen, denn Sandburgen sind nur aus Sand, sie sind ganz unwichtig, und niemand will sie haben."

„Doch", sagte das ganz kleine Gespenst. „Ich will sie haben. Es ist meine Sandburg."

„Zieh lieber in eine Burg aus Stein", sagte der Mond. „Morgen kommen die Sonne, der Wind und das Wasser und fressen deine Sandburg auf."

„Ich werde meine Sandburg verteidigen", sagte das ganz kleine Gespenst.

Aber es war viel zu klein. Am nächsten Tag kamen die Sonne, der Wind und das Wasser und fraßen die Sandburg auf.

„Siehst du", sagte der Mond in der nächsten Nacht zu dem ganz kleinen Gespenst. „Hab ich es dir nicht gleich gesagt, dass du in eine Burg aus Stein ziehen sollst? Jetzt haben sie deine Burg gefressen."

„Zieh lieber du in eine Burg aus Stein", sagte das ganz kleine Gespenst. „Irgendjemand hat dich angeknabbert. Du bist heute viel dünner als gestern."

„Das ist immer so", sagte der Mond. „Ich bin es gewohnt, dass ich einmal dick und einmal dünn und einmal gar nicht da bin. In Wirklichkeit nämlich bin ich immer da, aber das verstehst du nicht, dazu bist du noch zu klein."

Das ganz kleine Gespenst saß auf den Trümmern seiner Sandburg, die Sonne, Wind und Wasser übrig gelassen hatten, und es machte huhuhu und kam sich sehr gespenstisch vor.

„Du bist ein ganz dummes kleines Gespenst", sagte der Mond. „Huhue hier nicht herum, sondern such dir eine neue Sandburg, die Kinder haben heute Nachmittag eine Menge neuer Sandburgen gebaut. Wähl dir eine aus."

„Ich will aber keine andere als meine", sagte das ganz kleine Gespenst. „Meine ist die allerschönste Sandburg, auch wenn man sie nicht sehen kann, ist sie in Wirklichkeit immer da. Aber das verstehst du nicht, dazu bist du noch zu groß. Ich kann auch in einer unsichtbaren Sandburg huhu schreien. Mich sieht man ja auch nicht!"

„Da hast du recht", sagte der Mond zu dem ganz kleinen Gespenst. Dann ging er langsam über den Nachthimmel nach Hause.

Das ganz kleine Gespenst aber spaziert jeden Abend auf den Mauern seiner Sandburg, die man nicht sehen kann, und macht fröhlich huhuhu!

Das Mäuselein

von Heinrich Hoffmann von Fallersleben

Still stand die Wiege, das Kind schlief fest,
ein Mäuselein sich blicken lässt,
wippelndes, trippelndes Ding!
Es dreht das Köpfchen hin und her,
es hüpft und tänzelt kreuz und quer,
hin und her, kreuz und quer.
Mach kein Geräusch, o Mäuselein!
Sonst fängt mein Kind gleich an zu schrein.

Das Mäuselein nimmt sich wohl in Acht,
es schleicht zur Wiege sacht, ganz sacht,
wippelndes, trippelndes Ding!
Es schaut und schnuppert rings umher,
wo wohl ein Krümchen Kuchen wär,
Kuchen wär, Kuchen wär.
Mach kein Geräusch, o Mäuselein!
Sonst fängt mein Kind gleich an zu schrein.

Und alle Krümchen, die da sind,
die gönnt dir alle gern mein Kind,
wippelndes, trippelndes Ding!
Wie hat's geschmeckt dem Mäuslein doch!
's ist eins zwei drei in seinem Loch,
seinem Loch, seinem Loch.
Mäuselein, hast es gut gemacht:
Mein Kindlein schläft, nun gute Nacht.

Wenn ein Monster keinen Teddy hat

von Annette Herzog

Bei den Monstern ist es jeden Abend dasselbe: Erst will das kleine Monsterkind nicht ins Bett, weil es sich fürchtet, wenn es dunkel ist. Wenn die Monstermama dann die Lampe anmacht, kann es nicht schlafen, weil es zu hell ist. Erst kann es nicht die Zähne putzen, weil es dazu schon zu müde ist, und wenn ihm dann der Monsterpapa dabei hilft, kann es hinterher nicht schlafen, weil es Hunger hat.

Doch heute ist es ganz besonders schlimm: Der Teddy von dem Monsterkind ist weg.

„Ohne meinen Teddy kann ich nicht schlafen!", jammert es.

Der Monsterpapa und die Monstermama beginnen den Teddy zu suchen: unter dem Bett, hinter dem Bett, neben dem Bett, unter dem Sofa, hinter dem Sofa, neben dem Sofa.

Doch der Teddy bleibt verschwunden.

„Wo hast du denn zuletzt damit gespielt?", fragt die Monstermama.

Doch das kleine Monsterkind kräht nur immer lauter.

„Ohne meinen Teddy fürchte ich mich!"

Bald kommt die Monsternachbarin aus der Höhle nebenan.

„Was ist denn das hier für ein Geschrei?", schimpft sie, doch dann hilft sie beim Suchen.

Sie sucht unter dem Teppich und auf dem Teppich und neben dem Teppich, sie sucht hinter der Kiste mit den Bauklötzen und neben der Kiste mit den Bauklötzen und in der Kiste mit den Bauklötzen, aber der Monsterteddy ist und bleibt weg.

„Ich will meinen Teddy wiederhaben!", schreit das Monsterkind. Es ist erstaunlich, wie laut so ein kleines Monsterkind schreien kann.

Es schreit so laut, bis die Monsteroma und der Monsteropa aus der Höhle

gegenüber kommen, und der Monsterfriseur und der Monstermilchmann und sogar der Monsterpolizist. Und alle suchen nach dem Teddy: unter dem Dreirad des kleinen Monsters, hinter dem Dreirad und neben dem Dreirad, unter seinem Nachttopf, neben seinem Nachttopf, in seinem Nachttopf.
Sie suchen überall.

Und vor lauter Eifer fällt ihnen gar nicht auf, dass das kleine Monsterkind auf einmal still geworden ist.

Es ist auf den großen Schrank geklettert, um von oben zuzuschauen, wie sie alle nach dem Teddy suchen. Wie sie auf allen vieren krabbeln, wie sie ihre haarigen Köpfe in die Ecken stecken und ihre zottigen Popos in die Höhe recken. Lustig sieht das von dort oben aus!

Nur leider wird das Monsterkind jetzt doch ein bisschen müde. Und als es sich in eine Ecke auf dem Schrank kuscheln will, da setzt es sich – auf einen weichen Teddy! Wie der nur dort hoch gekommen ist?

Na sollen sie noch eine Weile suchen, dann braucht das Monsterkind noch nicht allein zu sein.

Ganz sicher finden sie den Teddy etwas später. Denn lange kann es nicht mehr dauern, bis das kleine Monster laut und glücklich schnarcht – mit dem Monsterteddy auf seinem dicken Monsterbauch.

Es gurgelt nachts in der Wasserleitung

von Antonia Michaelis

Als Prinzessin Emma fast vier war, wachte sie eines Nachts auf und wusste, dass Monster im Klo waren. Sie tappte ins Bad und lauschte im Dunkeln. Im Spülkasten gluckerte es. In der Wasserleitung rülpste es. Eindeutig: Monster. Emma lief die Treppe hinauf und ging aufs Klo ihrer Eltern. Dort trauten sich die Monster nicht hin, denn der König und die Königin schliefen gleich neben dem Bad. Emma kroch zu ihnen unter die Decke.

„Bei uns unten im Klo sind Monster", wisperte sie.

„Monster gibt es nicht", murmelte die Königin und gähnte.

„Aber ich habe sie gehört!", flüsterte Prinzessin Emma.

Am nächsten Tag planschte es nachts wieder unter dem Klodeckel, und im Spiegelschränkchen räusperte sich jemand. Emma lief nach oben. Vor dem Bad ihrer Eltern traf sie einen verschlafenen König.

„Unten sind immer noch Monster", sagte sie. „Sie sind nur nachts da."

„Unsinn", sagte der König, ging hinunter und machte das Licht an. Und alle grauslichen Monster flohen. Das Bad war leer.

„Siehst du", sagte der König.

Aber als er wieder im Bett war, ging Emma heimlich aufs Elternklo.

So lief das zwei Wochen lang. Die anderen Prinzessinnen hörten keine Monster. Und Emma traute sich kaum noch, abends Saft zu trinken: aus Angst, sie müsste nachts aufs Klo.

Eines Nachts wachte das kleine grüne Monster Erwin auf und wusste, dass Prinzessinnen im Klo waren. Erwin schwamm durch die Kanalisation bis unter den Klodeckel. Ja, da waren Schritte. Etwas atmete. Eindeutig: Prinzessinnen. Erwin paddelte zur Schlafhöhle seiner Eltern und flüsterte: „Im Bad sind Prinzessinnen!"

„Ach was", murmelte der Monstervater. „Prinzessinnen gibt es nicht."
Aber Erwin traute sich nicht mehr, aus der Kloschüssel zu kriechen und sich am
Waschbecken die Zähne zu putzen. Keines der anderen Monster hörte die Ge-
räusche der grauslichen Prinzessinnen. Und die Monstermutter bekam Angst
um Erwins schöne, spitze Zähne. So schwamm sie eines Tages mit zum Bad,
kletterte auf ihren hübschen, grün-warzigen Pfoten aus dem Klo und machte
das Licht an. Und alle grauslichen Prinzessinnen flohen. Das Bad war leer.
„Siehst du", sagte die Monstermutter. Aber Erwin traute sich kaum noch, abends
Kakao zu trinken, aus Angst, er müsste dann nachts seine Zähne putzen.
Eines Nachts hielt er es nicht mehr aus. Er schwamm zum Klo, hörte die fürchterlichen Prinzessinnen atmen … nahm allen Mut zusammen … und tauchte
auf.

Eines Nachts hielt Prinzessin Emma es nicht mehr aus. Sie ging ins Bad, hörte
die fürchterlichen Monster im Klo plätschern ... nahm allen Mut zusammen ...
und hob den Klodeckel hoch. Im Klo saß ein warziges, grünes Monster.

„Iiiiiiiiieee!", schrien Emma und Erwin im Chor.

Aber dann sah Emma genauer hin. Das Monster hielt sich am Rand der Klo-schüssel fest und starrte Emma aus großen, erschrockenen Augen an. „Du – du bist ja nur ein einziges, kleines Monster!", sagte Emma.

„Ich heiße Erwin", sagte das Monster. „Du bist ja nur eine einzige, kleine Prin-zessin!"

„Ich bin Emma", sagte Emma. „Mir haben sie gesagt, es gibt keine Monster."

„Und mir haben sie gesagt, es gibt keine Prinzessinnen", sagte das Monster.

„Beißt du mich auch nicht?", fragten sie beide im Chor, und da mussten sie lachen.

„Wir könnten uns gegenseitig die Zähne putzen", sagte Erwin und kroch aus dem Klo.

„Und in der Badewanne baden, mit viel Schaum", sagte Emma.

Und von diesem Tag an hatten sie eine Menge Spaß zusammen.

„Musst du dich eigentlich immer stundenlang im Bad einschließen?", fragten der König und die Königin. „Hast du nicht gesagt, dort sind Monster?"

„Wer weiß", sagte Prinzessin Emma.

Schlaf, Kindchen, schlaf

Volkslied

Schlaf, Kindchen, schlaf!
Der Vater hüt' die Schaf,
die Mutter schüttelt's Bäumelein,
da fällt herab ein Träumelein.
Schlaf, Kindchen, schlaf!

Schlaf, Kindchen, schlaf!
Am Himmel zieh'n die Schaf,
die Sternlein sind die Lämmerlein,
der Mond, der ist das Schäferlein.
Schlaf, Kindchen, schlaf!

Schlaf, Kindchen, schlaf!
So schenk' ich dir ein Schaf
mit einer gold'nen Schelle fein,
das soll dein Spielgeselle sein.
Schlaf, Kindchen, schlaf!

Gute Nacht, Faustus Fuchs

von Jana Frey

Faustus ist der griesgrämigste Fuchs im ganzen Wald. Und weil er sich mit keinem so richtig versteht, lebt er ganz für sich allein in einem kleinen, unterirdischen Bau nahe einer großen Eiche.

Heute hat es den ganzen Tag geregnet und jetzt in der Nacht ist aus dem ungemütlichen Regen ein noch viel ungemütlicherer Schneeregen geworden.

Missmutig rollt sich Faustus in einer Ecke seines Baus zusammen. Er ist schrecklich müde, weil er die halbe Nacht unterwegs war, um sich etwas Ordentliches zum Abendessen zu erjagen. Aber leider hat er nur ein paar halb erfrorene Trauben und einen angebissenen, weggeworfenen Apfel gefunden, der nicht besonders lecker gewesen ist.

Einmal hätte er beinahe einen dicken Regenwurm erwischt, aber im letzten Augenblick ist er ihm entwischt und in einer winzigen Erdspalte verschwunden. Faustus runzelt ärgerlich die Stirn, als er daran zurückdenkt.

Plötzlich hört er eine piepsige Stimme, die seinen Namen ruft.

„Nein, verflixt", denkt Faustus. „Oh nein, das ist jetzt hoffentlich nicht wahr."

Aber es ist wahr. Vor dem gut verborgenen Eingang zu seinem Bau sitzt Thekla, die Eule.

„Was willst du?", knurrt Faustus unfreundlich.

„Ich habe mir den Flügel angestoßen", klagt Thekla. „Und jetzt kann ich nicht mehr hinauf in meine Baumhöhle in der Eiche fliegen. Darf ich heute Nacht hierbleiben?"

Mit ihren großen, schwarzen Augen schaut Thekla Faustus bittend an.

„Eigentlich bin ich gern für mich allein", knurrt Faustus. Aber dann lässt er Thekla doch in seinen Bau und die Eule bedankt sich und sucht sich ein Plätzchen für die Nacht.

Kaum ist Faustus eingeschlafen, als er schon wieder geweckt wird.

„Nein, verflixt", denkt Faustus. „Oh nein, das ist jetzt hoffentlich nicht wahr."

Aber es ist wahr. Vor seinem Bau sitzt Bernhard, der wilde Waldhase.

„Was willst du?", knurrt Faustus gereizt.

„Heute Nacht sind hier ein paar Jäger unterwegs", flüstert Bernhard aufgeregt. „Kann ich mich bei dir verstecken?"

„Eigentlich bin ich am liebsten allein", knurrt Faustus, aber dann lässt er Bernhard doch hinein und der Hase sucht sich einen Platz zum Schlafen.

Müde stapft Faustus anschließend zurück in seinen eigenen Schlafwinkel. Im Nu schläft er ein und träumt gerade von einem leckeren Mäusebraten, als er zum dritten Mal gestört wird.

„Nein, verflixt", denkt er und öffnet widerwillig die Augen. Eins nach dem anderen. „Oh nein, das ist jetzt hoffentlich wirklich nicht wahr."

Aber es ist schon wieder wahr. Vor seinem Bau sitzen fünf klatschnasse Mäuse.

„Was wollt ihr?", stottert Faustus verwundert.

„Unser Mäusebau ist von Regenwasser überflutet worden", piepst die dickste, strubbeligste Maus und niest. „Dürfen wir heute Nacht bei dir bleiben?"

„Eigentlich sollten Mäuse nicht auf die Idee kommen, Füchse um Hilfe zu bitten", brummelt Faustus verwirrt, aber dann lässt er die nassen Tiere doch in seinen Bau. Was ist heute los mit ihm?

Faustus wankt gähnend zurück in seine Schlafecke und schläft auf der Stelle wieder ein. Aber schon kurz darauf schreckt er erneut hoch. Vor seinem Bau ist plötzlich ein Riesenradau.

Schlaftrunken steht Faustus auf und läuft zum Höhleneingang. Dort drängeln sich drei Füchse.

„Jäger!", flüstern sie und zittern von Kopf bis Fuß.

„Kommt rein, schnell, schnell, schnell", sagt Faustus besorgt und späht für einen Moment hinaus in die Dunkelheit.

Im Bau herrscht jetzt ein Riesengedränge. Und noch einmal wird die Nachtruhe gestört. Es ist der kleine Regenwurm, der Faustus vorhin entkommen ist.

„Ich habe mich verlaufen", murmelt er verlegen und windet sich. „Finde mein Erdloch nicht mehr …"

Und plötzlich fühlt sich der griesgrämige Faustus gar nicht mehr griesgrämig.

„Nur hereinspaziert", sagt er matt und müde und schläfrig und reißt sein Maul auf, um ausgiebig zu gähnen.

Der Regenwurm zuckt erschrocken zusammen, als er das sieht. Aber als nichts weiter passiert, ringelt er sich sehr sorgfältig zusammen und rührt sich nicht mehr.

„Im Grunde ist es ein schönes Gefühl, nett zu sein", denkt Faustus zufrieden, ehe er selbst wieder einschläft. Und tief in sich drin weiß er, dass ab morgen alles anders sein wird.

Die Prinzessin auf der Erbse

von Hans Christian Andersen

Es war einmal ein Prinz, der wollte eine Prinzessin heiraten. Aber es sollte eine richtige Prinzessin sein. Und so reiste er in der ganzen Welt umher, um eine zu finden, aber überall stimmte etwas nicht. Prinzessinnen gab es genug, aber ob es richtige Prinzessinnen waren, konnte er nicht recht feststellen. Immer war etwas an ihnen, das nicht so ganz richtig war. So kam er wieder heim und war sehr betrübt, denn er wollte so gern eine wirkliche Prinzessin haben.

Eines Abends gab es ein fürchterliches Unwetter. Es blitzte und donnerte, der Regen strömte herab, es war ganz entsetzlich! Da klopfte es an das Stadttor, und der alte König ging hin, um aufzumachen.

Draußen stand eine Prinzessin. Aber, mein Gott, wie sah sie aus von dem Regen und dem schlimmen Wetter! Das Wasser lief ihr nur so von den Haaren und den Kleidern herunter, und es lief in die Spitzen ihrer Schuhe hinein und an den Absätzen wieder heraus, und dabei sagte sie, dass sie eine wirkliche Prinzessin sei.

Das werden wir schon herausfinden, dachte die alte Königin. Aber sie sagte nichts, ging in das Schlafgemach, nahm das ganze Bettzeug ab und legte eine Erbse auf den Boden des Bettes. Jetzt nahm sie zwanzig Matratzen, legte sie auf die Erbse, und dann noch zwanzig Daunenbetten oben auf die Matratzen. Dort sollte nun die Prinzessin in der Nacht liegen.

Am Morgen fragte man sie, wie sie geschlafen habe.

„Oh, entsetzlich schlecht!", sagte die Prinzessin. „Ich habe fast die ganze Nacht kein Auge zugetan! Gott weiß, was wohl im Bett gewesen ist! Ich habe auf etwas Hartem gelegen, so dass ich völlig braun und blau am ganzen Körper bin! Es ist ganz entsetzlich!"

Nun konnten sie sehen, dass es eine richtige Prinzessin war, weil sie durch die zwanzig Matratzen und die zwanzig Daunenbetten hindurch die Erbse gespürt hatte. Und so empfindlich konnte niemand sein außer einer wirklichen Prinzessin.

Deshalb nahm sie der Prinz zur Frau, denn jetzt wusste er, dass er eine richtige Prinzessin hatte. Und die Erbse kam in die Kunstkammer, wo sie noch heute zu sehen ist, falls sie niemand weggenommen hat.
Sieh, das war eine richtige Geschichte!

Ritterfest auf der Kissenburg

von Henriette Wich

Konrad spielte mit seinen Rittern. Es gab ein großes Turnier mit Ringelstechen, Reiterspielen und Schwertkämpfen. Es war einfach herrlich – bis Mama mitten im schönsten Kampf hereinplatzte.

„Konrad, Zeit, schlafen zu gehen!"

„Das Turnier ist aber noch nicht vorbei", sagte Konrad.

Mama lächelte. „Können deine Ritter nicht morgen weiterkämpfen? Sie sind bestimmt schon sehr müde."

„Hmm, vielleicht ..." Konrad ließ seine Ritter kurz alleine, um im Bad Zähne zu putzen und seinen Schlafanzug anzuziehen. Dann sauste er zurück ins Kinderzimmer und hüpfte ins Bett.

„Gute Nacht, ihr tapferen Ritter!", sagte Konrad. „Bis morgen."

Die Ritter antworteten nicht. Gerade noch hatten sie fröhlich gekämpft, aber jetzt sahen sie Konrad traurig an. Schnell stand Konrad noch mal auf und holte sie zu sich ins Bett: Kuno und Jost, Laurin und Giselher, Rupert und Wenzel, Otto und Siegfried. Jetzt lachten die Ritter wieder.

Dann kam Mama und gab Konrad einen Gutenachtkuss. Als sie die Bettdecke glattstrich, entdeckte sie die Ritter und rief: „Huch! Sollen die etwa alle bei dir schlafen?"

Konrad nickte. „Natürlich. Nach dem Turnier gibt es immer ein Fest." Er klopfte auf sein Kopfkissen. „Das berühmte Ritterfest auf der Kissenburg."

„Stimmt", sagte Mama. „Wie konnte ich das vergessen. Aber sind es nicht ein bisschen viele Ritter? Müssen die wirklich alle mitfeiern?"

Konrad stöhnte. Mama konnte toll singen, Schlitten fahren und Kuchen backen, aber mit Rittern kannte sie sich nicht aus.

„Klar", sagte Konrad. „Das haben sich meine Ritter verdient. Sie waren alle tapfer. Wenn jetzt welche gehen müssen, sind sie tödlich beleidigt."

Das verstand Mama zum Glück. Sie klopfte Jost auf die Schulter und gratulierte Rupert zu seinem Sieg. Dann nahm sie Otto in die Hand. Otto kletterte am

Bettpfosten hoch und reckte seinen Kopf.

„Seht ihr da drüben das große, schöne Zelt? Wollen wir nicht dort weiterfeiern?"

„Ja!", jubelten die Ritter. Und schon stürmten sie los.

„Halt!", rief Konrad. „Ihr könnt doch nicht alle wegrennen. Was machen wir, wenn ein Feind kommt und die Kissenburg angreift?"

Erschrocken drehten sich die Ritter um. Dann meldete sich Siegfried. „Ich passe auf und halte Wache."

„Danke!", sagte Konrad. „Komm unter meine Decke. Ich helfe dir. Wir wechseln uns ab."

Erst hielt Konrad Wache, und später, als ihm die Augen zufielen, passte Siegfried auf. Kein Feind wagte sich in die Nähe der Kissenburg. Und die Ritter feierten fröhlich die ganze Nacht.

Bei Oma ist alles anders

von Katia Simon

Mama und Papa Eichhörnchen haben heute Abend etwas vor. Sie wollen zum Waldfest auf der großen Lichtung und die Kinder Fritz, Paul und Klara dürfen bei Oma schlafen.

„Das wird toll!", freut sich Klara, denn bei Oma dürfen sie fast alles.

Mit gepackten Taschen geht die Eichhörnchen-Familie zu Omas Wohnhöhle. Die Eltern nehmen jedes Kind noch einmal fest in den Arm und geben ihm einen Kuss. Dann gehen Mama und Papa Eichhörnchen los. Klara winkt ihnen zum Abschied.

Paul und Fritz sind schon in Oma Eichhörnchens Schlafhöhle verschwunden. Hier steht Omas großes Bett mit vielen weichen Kissen und Decken, in dem sie heute Nacht alle zusammen schlafen werden.

„Juhuu!", ruft Paul und hopst mitten in den Kissenberg. Fritz macht einen Salto und springt hinterher.

Klara schaut sich erst in der Schlafhöhle um und setzt sich dann mitten in die Kissen. Die von Oma sind viel kuscheliger als die Kissen zu Hause, findet sie. Der Kissenberg wackelt hin und her, so wild springen Paul und Fritz herum. Klara macht jetzt auch mit und hüpft immer wieder in den weichen Berg.

So hopsen und springen die Eichhörnchen-Kinder, bis ihnen die Augen fast zufallen und die Sprünge immer kleiner werden.

„So, Schlafenszeit!", ruft Oma Eichhörnchen und klatscht in die Pfoten. Sofort legen sich die drei Kinder nebeneinander in das große Bett. Die Oma deckt sie gut zu und knipst das Licht aus. Dann lehnt sie die Tür an und sagt: „Psst, jetzt wird geschlafen!"

Doch die Eichhörnchen-Kinder können nicht einschlafen. Ein paar Minuten lang, die ihnen wie Stunden vorkommen, liegen sie wach im Dunkeln. Fritz seufzt, Klara atmet laut und Paul zappelt unter der Decke. Es riecht so anders in Omas Wohnhöhle, findet Klara, und auch die Geräusche sind so fremd.

„Ich habe Durst", beschwert sich Paul.

„Ich kann nicht schlafen, wenn du so zappelst!", nörgelt Fritz.

„Irgendwas fehlt", jammert Klara.

Nacheinander klappen die Eichhörnchen-Kinder ihre Bettdecken zurück. Paul steht auf und fängt an, wieder auf der Matratze zu hüpfen, immer höher und höher. Fritz macht es nach. Klara klopft dazu im Takt gegen die Wand. Alle drei kichern.

Plötzlich steht die Oma in der Schlafhöhle. „Ja, wollt ihr noch nicht schlafen?", fragt sie und guckt streng.

„Ich kann nicht", jammert Klara und reibt sich die Augen.

„Ich möchte etwas trinken", fällt Paul ein.

„Wo ist mein Kuschelbär?", fragt Fritz und gähnt.

Oma Eichhörnchen findet den Bären hinter dem Sessel. Sie drückt ihn Fritz liebevoll in die Arme und streicht ihm über den Kopf. Dann geht sie in die Wohnhöhle, um etwas zu trinken zu holen.

Als sie kurz darauf mit einem Becher Milch in die Schlafhöhle zurückkommt, wundert sie sich: Die Eichhörnchen-Kinder sind inzwischen tatsächlich einge-schlafen, aber wo sie alle liegen! Paul schläft quer im Bett, Fritz unter dem Tisch und Klara hat sich auf dem Teppich eingerollt.

Nacheinander nimmt Oma die Eichhörnchen-Kinder auf den Arm, trägt sie ins Bett und deckt sie mit ihren kuscheligen Decken zu. Dann gibt sie jedem einen sanften Gutenachtkuss auf die Stirn.

„Der Gutenachtkuss hat vorhin gefehlt", murmelt Klara. „Ohne den kann man nicht schlafen." Und schon sind ihr die Augen wieder zugefallen.

Zum Einschlafen zu murmeln

von Michael Ende

Dusel dusel schummerlich
mir ist schon so schlummerlich.
Nur die gute alte Uhr
macht ihr Ticktack auf dem Flur.

Feines Kissen, weich und warm.
Liebes Kuscheltier im Arm.
Den Papa und die Mama
hab' ich lieb, und sie sind da.

Nirgends ist es wie im Bett
so gemütlich und so nett.
Was wohl morgen werden mag?
Morgen wird ein schöner Tag.

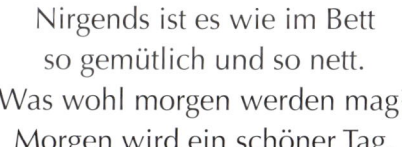

Dusel dusel schummerlich
sachte Welle schaukelt mich,
wie auf einem Schiffchen leise
geh' ich auf die Traumesreise.

Der kleine Zauberer und das Sternchen

von Gina Ruck-Pauquèt

In den warmen samtblauen Nächten schläft der kleine Zauberer mitten im duftenden Gras. Dann decken die Bäume ihn mit ihren Schatten zu und der Mond breitet sein Tuch aus Silbergespinst darüber.

Einmal aber gibt es eine Nacht, die ist so schön, dass der kleine Zauberer nicht schlafen kann. Er klettert auf einen Baum und schaut sich den Himmel an. Und dann bekommt er plötzlich Lust, ein wenig zu zaubern.

„Hokuspokus Simsalabim", sagt er.

Und genau in diesem Augenblick stürzt ein Sternchen vom Himmel und verfängt sich in den Zweigen des Baumes, in dem der kleine Zauberer sitzt.

„O weh!", sagt der kleine Zauberer, und er ruft die Tiere der Nacht herbei.

„Seht, es ist meine Schuld, dass das Sternchen vom Himmel fiel!"

In Wirklichkeit aber ist das Sternchen vor lauter Übermut heruntergesprungen.

Denn auch der größte Zauberer kann nicht die Sterne vom Himmel zaubern.

Der kleine Zauberer nimmt das Sternchen behutsam in seine Hände und trägt es vor sich her. Und wohin er auch kommt, erwachen die Menschen und die Tiere von dem wunderbaren Licht und folgen ihm nach.

Aber als die Stunden vergehen, beginnt der Zauberer, sich Sorgen zu machen.

„Seht nur", sagt er, „das Sternchen wird immer blasser. Es muss an den Himmel zurück."

Doch sooft er auch seinen Zauberspruch spricht, es gelingt ihm nicht, das Sternchen zurückzuschicken.

„Uhu", bittet der kleine Zauberer den Vogel mit den Lampenaugen, „nimm das Sternchen und bring es zum Himmel zurück. Ich will dir auch eine Stecknadel geben, damit du es festmachen kannst."

„Gut", sagt der Uhu, und er trägt das Sternchen in seinem Schnabel davon.

Bald aber kehrt er traurig zurück.

„Ich kann nicht so weit fliegen", seufzt er. „Der Himmel ist fern."

Da wendet sich der kleine Zauberer an das Wiesel.

„Wiesel", bittet er, „du kannst so schnell laufen. Trag das Sternchen in deinem Schnäuzchen zum Himmel hin."

Das Wiesel versucht es. Doch es dauert nicht lange, da kommt es müde zurück.

„Ich finde den Weg nicht", schluchzt es.

Der kleine Zauberer wird sehr traurig, denn schon kriecht im Osten die Dämmerung herauf.

Bestimmt sind die Sterne gezählt, denkt er. Und dieser wird jetzt vermisst.

„Kann ich dir helfen?", hört er da eine zarte Stimme.

„Wer bist du?", fragt der kleine Zauberer.

„Ich bin die Lerche", entgegnet der Vogel.

„Willst du das Sternchen nach Hause tragen?"

„Nicht ich", sagt die Lerche, „aber vielleicht mein Lied. Denn mein Lied steigt bis zum Himmel hinauf."

Und dann beginnt die Lerche zu singen. Und mit dem Lied der Lerche steigt das Sternchen empor, hoch und höher, bis zum Firmament.

„Wie kann es nur sein", wundert sich der kleine Zauberer, „dass ein Lied stärker ist als jeder Zauber?"

Und alle, die bei ihm sind, senken die Köpfe und wissen es nicht.

Der Mond ist aufgegangen

von Matthias Claudius

Der Mond ist aufgegangen,
die goldnen Sternlein prangen
am Himmel hell und klar.
Der Wald steht schwarz und schweiget,
und aus den Wiesen steiget
der weiße Nebel wunderbar.

Wie ist die Welt so stille
und in der Dämmerung Hülle
so traulich und so hold!
Gleich einer stillen Kammer,
wo ihr des Tages Jammer
verschlafen und vergessen sollt.

Seht ihr den Mond dort stehen?
Er ist nur halb zu sehen
und ist doch rund und schön!
So sind wohl manche Sachen,
die wir getrost belachen,
weil unsre Augen sie nicht sehn.

Wir stolzen Menschenkinder
sind eitel arme Sünder
und wissen gar nicht viel.
Wir spinnen Luftgespinste
und suchen viele Künste
und kommen weiter von dem Ziel.

Gott, lass dein Heil uns schauen,
auf nichts Vergänglichs trauen,
nicht Eitelkeit uns freun!
Lass uns einfältig werden
und vor dir hier auf Erden
wie Kinder fromm und fröhlich sein!

So legt euch denn, ihr Brüder,
in Gottes Namen nieder;
kalt ist der Abendhauch.
Verschon uns, Gott, mit Strafen,
und lass uns ruhig schlafen
und unsern kranken Nachbar auch!

Der geraubte Schlaf

von Tilde Michels

Es war einmal ein reicher, kluger und gütiger König. Er war so reich, dass er in einem Schloss aus purem Gold wohnte, er war so klug, dass sich alle Gelehrten des Landes um ihn versammelten und ihn um Rat fragten, und er war so gütig, dass die Blumen und Gräser sich vor ihm neigten und die scheuen Tiere herbeikamen, wenn er durch die Wälder und über die Felder seines Landes ritt.

Aber trotzdem war der König nicht glücklich, denn seine einzige, schöne Tochter, die er über alles liebte, hatte ein großes Unglück getroffen.

Als die Prinzessin eines Tages mit ihrem goldenen Ball durch den Wald hüpfte, zertrat sie beim Spielen ganz ohne Absicht einen kleinen Fliegenpilz. Der Wurzelgeist, welcher Herr über alles ist, was im Walde wächst, wurde darüber so böse, dass er beschloss sich zu rächen, und eines Nachts schlich er sich heimlich ins Schloss und raubte der Prinzessin ihren Schlaf. Die Prinzessin war erschreckt aufgewacht und hatte gerade noch den hässlichen braunen Wurzelgeist davoneilen sehen.

Da lag nun die arme Prinzessin in ihrem goldenen Bett mit brennenden Augen, die der Schlaf nicht mehr schloss, und wurde von Tag zu Tag blasser und elender. Der König ließ die berühmtesten Ärzte kommen, aber auch sie konnten der Prinzessin nicht helfen, und bald ging die traurige Kunde durchs Land, dass die Prinzessin wohl sterben müsse, wenn ihr der Schlaf nicht bald zurückgegeben würde.

Der König schickte viele beherzte Männer in die Wälder, um den Wurzelgeist zu fangen und ihm den Schlaf der Prinzessin wieder abzunehmen, aber niemand wusste, wo der Wurzelgeist wohnte, denn sein unterirdisches Reich war groß und in jedem Erdloch konnte er sich verstecken. Da wurde der König so verzweifelt, dass er versprach, demjenigen, der seiner Tochter den Schlaf wiederbrächte, jeden Wunsch zu erfüllen, und wenn er auch das ganze Königreich fordere.

Zu dieser Zeit wanderte ein Musikant durchs Land und eines Tages kam er auch an den königlichen Hof. Weil der König hoffte, seine Tochter mit Musik ein wenig aufheitern zu können, ließ er den Geiger zu sich führen und bat ihn, der Prinzessin vorzuspielen. Und dieser spielte so schön, dass alle, die ihm zuhörten, ganz verzaubert waren.

Auch die Prinzessin lächelte zum ersten Male wieder. Aber selbst die zartesten Töne der Geige konnten sie nicht in den Schlaf wiegen. Da wurde der Musikant traurig und beschloss, der Prinzessin zu helfen.

Noch am gleichen Tage machte er sich auf, um den Wurzelgeist zu suchen. Er wanderte drei Tage und drei Nächte durch den Wald, schaute in jedes Erdloch und unter jeden Stein, rief den Namen des Wurzelgeistes in die Lüfte und fragte jeden, der ihm begegnete, nach ihm, aber vergeblich.

Müde und hungrig setzte er sich endlich am Fuß eines riesigen, hohlen Baumes nieder, und um seine trüben Gedanken zu verscheuchen, geigte er sich ein lustiges Lied. Da regte sich plötzlich etwas in dem hohlen Baumstumpf hinter ihm und aus dem Astloch schaute das braune, runzelige Gesicht eines kleinen

Männchens hervor. Der Musikant wusste sofort, dass dies der Wurzelgeist sein musste, aber er ließ sich nichts anmerken.

„Was ist das für ein Ding, von dem die schönen Töne kommen?", fragte der Wurzelgeist. „Ich möchte diesen braunen Kasten haben, was willst du dafür?"

Der Musikant bedachte sich, dann sagte er: „Zeig mir alles, was dir gehört, ich werde mir dann etwas aussuchen."

Der Wurzelgeist lachte vergnügt: „Wenn du willst, können wir gleich gehen."

Er klatschte in die Hände, da wurde am Fuß des Baumes eine Treppe sichtbar; die stiegen sie hinunter und immer tiefer und tiefer ging's hinab, bis sie endlich in einen großen Saal kamen, in dem überall Truhen und Kisten standen, angefüllt mit Perlen, Gold und Edelsteinen. Der Wurzelgeist hob einen Deckel nach dem anderen auf und fragte: „Willst du dies, willst du das?"

Aber der Geiger schüttelte jedes Mal mit dem Kopf. „Nein, nein, meine Geige ist viel, viel kostbarer."

Endlich kamen sie an das letzte Kästchen, das ganz aus Elfenbein geschnitzt war. Als aber der Geiger seine Hand danach ausstreckte, rief der Wurzelgeist schnell: „Das kannst du nicht bekommen."

Der Geiger bat jedoch, er mochte wenigstens sehen, was in dem Kästchen sei.

Da öffnete der Wurzelgeist das Kästchen und der Musikant erblickte darin ein gläsernes Fläschchen, und als er das Fläschchen herausnahm, schaute er in eine blaue, unendliche Tiefe, auf deren Grund goldene Träume tanzten. Es war der Schlaf der Prinzessin.

„Wenn du meine Geige haben willst, musst du mir dieses Fläschchen geben", sagte der Geiger.

„Nein, nein", schrie der Wurzelgeist, „das kannst du nicht haben!"

Da stellte sich der Musikant mitten in den großen Saal, hob seine Geige ans Kinn und spielte die schönsten Weisen, die ihm einfielen. Als die ersten Töne erklangen, kamen Maulwürfe, Mäuse, Würmer, Käfer und viele, viele andere Tiere aus ihren Löchern hervorgekrochen und lauschten und er spielte, bis er vor Müdigkeit fast umfiel.

„Bleib bei uns", flehten die Tiere. „Deine Musik bringt uns Freude in unser Leben hier unter der Erde, bleib bei uns mit deinem braunen Kasten."

„Das geht nicht", antwortete der Geiger, „ich bin doch ein Mensch und gehöre auf die Erde. Aber ich will euch meine Geige hierlassen, wenn mir der Wurzel-

geist das kleine weiße Kästchen schenkt. Ihr müsst ihn nur darum bitten."
Das taten die Tiere, aber der Wurzelgeist hörte nicht auf sie, er hielt das Kästchen mit beiden Händen fest und schrie, dass er es nie herausgeben würde. Da wurden die Tiere böse. Die Maulwürfe drohten, dass sie alle Zugänge zur Erde zuschütten wollten, und die Mäuse wisperten, dass sie ihm keinen Wintervorrat mehr herbeischaffen und ihn verhungern lassen würden.

Als der Wurzelgeist das hörte, bekam er Angst und es blieb ihm nichts anderes übrig, als dem Musikanten das Kästchen zu geben und ihn auf die Erde zurückzubringen.

Der Musikant eilte nun, so schnell ihn seine Füße trugen, nach dem königlichen Schloss zurück, wo er alle in tiefer Trauer fand, denn die Prinzessin lag still und weiß auf ihren Kissen und atmete kaum noch. Rasch nahm der Geiger das gläserne Fläschchen aus dem Elfenbeinkasten und tröpfelte der Prinzessin den Schlaf in die Augen, da tat sie einen tiefen Seufzer und schlief acht Tage lang. Und als sie dann ausgeschlafen hatte und erwachte, war sie schöner und lieblicher als je zuvor.

Der König ließ den Geiger zu sich kommen, dankte ihm aus vollem Herzen und fragte ihn, welchen Wunsch er ihm erfüllen sollte. Da bat der Musikant um eine neue Geige, denn er hatte doch seine alte beim Wurzelgeist lassen müssen. Der König befahl sofort, dass man die beste Geige im ganzen Land herbeischaffe, und er überreichte sie dem Musikanten.

„Dein Wunsch ist sehr bescheiden", sagte der König, „du hast für uns mehr getan, als wir dir jemals vergelten können."

„Herr König", antwortete der Musikant, „wenn ich mir noch etwas wünschen darf, so möchte ich hier am Hofe bleiben und der Prinzessin manchmal vorspielen. Ich bin des Herumziehens müde."

„Eine größere Freude kannst du der Prinzessin nicht machen", sagte der König. „Ich weiß, dass sie dich und deine Geige lieb gewonnen hat. Du sollst bei uns bleiben, aber nicht als Musikant, sondern ich will dich zu meinem Nachfolger machen und dir meine Tochter zur Frau geben."

Da wurde dem armen Musiker ganz schwindlig vor Glück. Er fasste die Prinzessin bei der Hand und versprach, von nun an ihren Schlaf zu bewachen, damit ihn niemand mehr stehlen könne – und sie lebten lange Jahre in Glück und Freude zusammen.

Schlafe, mein Prinzchen ...

von Friedrich Wilhelm Gotter

Schlafe, mein Prinzchen! Es ruhn
Schäfchen und Vögelchen nun.
Garten und Wiese verstummt,
auch nicht das Bienchen mehr summt;
Luna mit silbernem Schein
gucket zum Fenster herein.
Schlafe beim silbernen Schein,
schlafe, mein Prinzchen, schlaf ein!

Auch in dem Schlosse schon liegt
alles in Schlummer gewiegt;
reget kein Mäuschen sich mehr,
Keller und Küche sind leer.
Nur in der Zofe Gemach
tönet ein schmelzendes Ach.
Was für ein Ach mag das sein?
Schlafe, mein Prinzchen, schlaf ein!

Wer ist beglückter als du?
Nichts als Vergnügen und Ruh!
Spielwerk und Zucker vollauf
und noch Karossen im Lauf:
alles besorgt und bereit,
dass nur mein Prinzchen nicht schreit!
Was wird das künftig erst sein?
Schlafe, mein Prinzchen, schlaf ein!

Ein Traum für Anne

von Barbara Peters

Die kleine Traumfee Fia ist schrecklich aufgeregt. Heute Abend darf sie zum ersten Mal den Kindern ihre Träume bringen.

„Hier sind die Traumkiesel", sagt die Obertraumfee und reicht Fia einen Samtbeutel. „Ein Traumkiesel für jedes Kind. Du findest den richtigen Kiesel, indem du ..."

Aber Fia hört nicht mehr zu. Sie will endlich losfliegen. Schnell nimmt sie das Säckchen und saust jauchzend in die Nacht. In der Ferne sieht Fia schon die Lichter der Stadt. Dort warten die Kinder auf ihre Träume.

Am Stadtrand landet die Fee vor einem Fenster. Sie schaut hinein und erkennt ein Kinderzimmer. Es gehört der kleinen Anne, die in ihrem Bett liegt und schläft. Hier ist Fia richtig. Wuuusch! Wie ein Lichtstrahl gleitet die Fee durch die Scheibe.

Auf dem Nachttisch öffnet Fia das Säckchen. Jetzt muss sie nur noch den richtigen Traumkiesel finden und dann … Oh Schreck, die Kiesel sehen alle gleich aus! Sie sind blau und ganz glatt. Welcher Traum ist für Anne? Fia ist ratlos. Wenn sie doch nur der Obertraumfee zugehört hätte!

Eine Träne kullert über ihre Wange. Dann folgt eine zweite und eine dritte.

Fia hat sich so auf ihren ersten Einsatz als Traumfee gefreut. Und jetzt das! Bald schnieft und schluchzt sie so laut, dass Anne aufwacht und die Fee auf dem Nachttisch entdeckt.

„Wer bist du? Und warum weinst du?", fragt Anne und streichelt vorsichtig über Fias Kopf.

„Ich heiße Fia und bin eine Traumfee. Aber ich finde deinen Traumkiesel nicht!", schluchzt die Fee.

„Eine Traumfee?", fragt Anne neugierig. „Was machen Traumfeen denn?"

„Wir bringen den Kindern abends die Träume", erklärt die kleine Fee und sieht Anne traurig an. „Aber dafür müssen wir wissen, welcher Traum für welches Kind ist."

„Und du weißt nicht, welcher Traum für mich ist?", fragt Anne.

„Nei-ein", weint die Fee und zeigt auf das Samtsäckchen. „Es sind so viele. Und sie sehen alle gleich aus!"

Als Anne das Säckchen in die Hand nimmt, funkelt es plötzlich darin.

Anne hält den Atem an, und Fia vergisst zu weinen. Zwischen all den blauen Steinchen glitzert ein winziger Traumkiesel.

„Das muss deiner sein", flüstert Fia.

„Vielleicht habe ich ihn geweckt, als ich den Beutel berührt habe", überlegt Anne.

„Soll ich es ausprobieren?", fragt Fia.

„Na klar!" Flink kuschelt sich Anne in ihr Bett und schließt die Augen. Fia legt den funkelnden Traumkiesel aufs Kissen und wartet gespannt, was passiert. Das Steinchen beginnt zu schrumpfen. Es wird kleiner und kleiner, und dann ist es verschwunden. Dafür schwebt über Annes Kopf ein sanfter Zauberschimmer. Anne schläft tief und lächelt im Traum.

Glücklich fliegt Fia hinaus in die Nacht. Jetzt wird die Traumfee all den anderen Kindern ihre Träume bringen.

Das Traumschaf

von Anne Isabelle Le Touzé

Es war einmal ein kleines Schäfchen, das war sehr, sehr müde. Es war so müde, dass es beim Abendessen plötzlich einschlief, die Nase mitten in seinem Spinatteller.

Da nahm seine Mama es auf den Arm und trug es in sein Bettchen. Aber da wurde das kleine Schäfchen wach und war überhaupt kein bisschen mehr müde.

„Mama", rief es, „Mama, ich kann nicht einschlafen!"

„Wenn du ein so großer und schöner Widder werden willst wie dein Vater, dann musst du jetzt schlafen", sagte Mama Schaf. „Und wenn du nicht einschlafen kannst, mach einfach fest die Augen zu und denk an lauter weiße Schafe, die über einen Zaun springen. Wenn das Schaf Nummer 16 vorbeikommt, schläfst du bestimmt schon lange!"

Also machte das kleine Schäfchen ganz fest die Augen zu und wartete. Nichts geschah.

Doch – da erschien am Fenster auf einmal ein Schaf mit einer lustigen roten Pudelmütze auf dem Kopf. „Darf ich hereinkommen?", fragte es.

„Ja, sicher", sagte das Schäfchen.

Da ließ sich das weiße Schaf mit einem Plumps auf dem Teppich nieder und baute einen hohen Turm aus Bauklötzen, die es in der Spielzeugkiste fand.

Kurz darauf erschien am Fenster ein zweites Schaf. „Darf ich hereinkommen?"
„Ja, sicher", sagte das kleine Schäfchen.

Da sprang ein weißes Schaf mit gelben Gummistiefeln durchs Fenster und kramte aus der Spielzeugkiste sämtliche Legosteine heraus.

Ein drittes Schaf erschien am Fenster. „Darf ich hereinkommen?"
„Ja, sicher", sagte das kleine Schäfchen.

Da kletterte ein weißes Schaf in einem geblümten Schlafanzug durchs Fenster herein und blätterte in einem Bilderbuch.

Ein viertes Schaf mit einer goldfarbenen Geige kam durch das Fenster hereingesprungen und spielte ein lustiges Lied. Das fünfte Schaf trug einen schwarzen Zylinderhut, das sechste einen grünen Regenschirm, das siebte einen karierten Schal. Und es kamen immer noch mehr Schafe … Sie holten die Spielzeugeisenbahn aus dem Schrank, verstreuten die kleinen Autos und alle Bauklötze auf dem Fußboden und tanzten ausgelassen im ganzen Zimmer herum, während Schaf Nummer vier auf seiner goldenen Geige dazu spielte. Es war ein ohrenbetäubender Lärm.

„Jetzt ist aber genug!", blökte das kleine Schäfchen. „Ich kann überhaupt nicht einschlafen!"

„Du wolltest doch gar nicht schlafen!", riefen die Schafe im Chor. „Du warst doch gar nicht müde!"

„Aber ich muss schlafen!", sagte das kleine Schäfchen. „Sonst werde ich nie ein so großer und schöner Widder wie mein Papa."

Da hoben sich alle Schafe hoch in die Luft und schwebten leise, wie Seifenblasen, zum Fenster hinaus. Nur das Schaf mit der roten Pudelmütze blieb zurück.

„Wo fliegen sie denn hin?", fragte das kleine Schäfchen verwundert. „Ins Land

der Träume natürlich", antwortete das weiße Schaf. „Und dorthin bringe ich dich jetzt."

Das kleine Schäfchen hielt die Hand des weißen Schafes ganz fest und so flogen sie durchs Fenster hinaus … in den Himmel hinauf, weit, weit, bis sie von den funkelnden Sternen nicht mehr zu unterscheiden waren.

Als Mama Schaf spätabends noch einmal durch die Tür schaute, wunderte sie sich über die Unordnung im Kinderzimmer. Das kleine Schäfchen schlief tief und fest, mit einer roten Pudelmütze auf dem Kopf. Und im Mondlicht blinkte eine winzige, goldfarbene Geige.

Weißt du, wie viel Sternlein stehen

von Wilhelm Hey

Weißt du, wie viel Sternlein stehen
an dem blauen Himmelszelt?
Weißt du, wie viel Wolken gehen
weithin über alle Welt?
Gott, der Herr, hat sie gezählet,
dass ihm auch nicht eines fehlet
an der ganzen großen Zahl.

Weißt du, wie viel Mücklein spielen
in der heißen Sonnenglut?
Wie viel Fischlein auch sich kühlen
in der hellen Wasserflut?
Gott, der Herr, rief sie mit Namen,
dass sie all ins Leben kamen,
dass sie nun so fröhlich sind.

Weißt du, wie viel Kinder frühe
stehn aus ihrem Bettlein auf,
dass sie ohne Sorg und Mühe
fröhlich sind im Tageslauf?
Gott im Himmel hat an allen
seine Lust, sein Wohlgefallen,
kennt auch dich und hat dich lieb.

Sophies Schutzengel

Ingrid Kellner

Sophie hat einen Schutzengel, den kann nur sie sehen. Er heißt Gabriel. Sophie geht nicht gern ins Bett, aber sie muss. Jeden Abend. Gabriel sitzt auf der Bettkante.

„Ich kann nicht einschlafen, Gabriel", sagt Sophie.

„Dreh dich auf den Bauch", meint Gabriel. „Vielleicht geht's dann."

Sophie dreht sich auf den Bauch, schließt die Augen und atmet tief ein und aus. Es geht nicht. Auch nicht auf dem Rücken und auf der Seite. „Bitte, Gabriel, komm zu mir ins Bett", sagt Sophie, „dann kann ich sicher schlafen!"

Sophies Schutzengel seufzt. „Also gut, mach Platz!"

Sophie rückt zur Seite, Gabriel legt sich ins Bett und breitet einen Flügel aus. „Komm, kuschel dich da drauf!" Mit dem anderen Flügel deckt er Sophie zu.

„Das kitzelt!", kichert Sophie. Jetzt ist sie hellwach und hopst herum.

Gabriels Geduld ist zu Ende. Außerdem hat er Angst um seine Federn. Sie werden zerdrückt. „Dann kann ich nicht mehr fliegen", sagt er.

„Au ja, fliegen", ruft Sophie. „Ich möchte mit dir fliegen."

Gabriel seufzt: „Was du alles willst." Aber er setzt sich auf, schüttelt die Federn zurecht und sagt: „Halt dich gut fest!"

Sophie klettert auf Gabriels Rücken zwischen die Flügel und schlingt ihre Arme um seinen Hals. Dann fliegt der Schutzengel aus dem offenen Kinderzimmerfenster in die Nacht hinaus. Der Wind zischt an Sophies Ohren vorbei. Der Engel schlägt seine Flügel langsam auf und ab wie ein riesiger Schwan. Sie drehen eine Runde über dem Haus, dann schraubt sich Gabriel immer höher hinauf.

„Wo fliegen wir hin?", ruft Sophie.

„In den Himmel", sagt Gabriel. „Wohin denn sonst?"

Unten wird die Erde kleiner. Die Städte glitzern wie Lichterinseln und die Autobahnen blinken wie winzige Lichterketten. Oben werden die Sterne immer heller.

„Schau, der Mond!", sagt Gabriel. Aber Sophie antwortet nicht. Sie ist eingeschlafen.

„Na endlich", seufzt Gabriel. Er nimmt Sophie in die Arme, damit sie nicht
abrutscht, und fliegt im Sturzflug wieder runter, WUSCH!, rein in Sophies Zimmer, hin zu Sophies Bett.

Gabriel lächelt: „Schlaf gut, Sophie, du meine liebe Plage!" Dann deckt er sie
zu, fliegt aufs Spielzeugregal und gönnt sich selbst auch ein kleines Schläfchen.

Uhu, das Eulenkind

von Max Bolliger

Uhu sieht aus wie andere Eulenkinder auch, aber er ist nicht wie die andern. Wenn Vater und Mutter am Abend aufwachen, schläft Uhu ein. Und wenn Vater und Mutter Eule am Morgen einschlafen, wacht Uhu auf.

Alles Zureden hilft nichts. Uhu will nicht schlafen, wenn die andern Eulen schlafen. Und er will nicht wach sein, wenn die andern Eulen wach sind.

„Schlaf gut!", sagen Vater und Mutter Eule, wenn sie aufwachen. „Mach keine Dummheiten", sagen Vater und Mutter Eule, bevor sie einschlafen.

Mit der Zeit wird es Uhu langweilig, neben Vater und Mutter Eule zu sitzen, die den Tag verschlafen.

Vielleicht finde ich jemanden, der mit mir spielt, denkt Uhu und fliegt davon.

Nach einer Weile trifft er eine kleine Katze.

„Willst du mit mir spielen?", fragt Uhu.

Die Katze aber erschrickt, macht einen Satz und springt ins nächste Gebüsch.

Uhu fliegt weiter. Nach einer Weile trifft er ein kleines Eichhörnchen.

„Willst du mit mir spielen?", fragt Uhu.

Das Eichhörnchen aber erschrickt, macht einen Satz und klettert auf den nächsten Baum.

Uhu fliegt weiter. Nach einer Weile trifft er einen kleinen Hasen.

„Willst du mit mir spielen?", fragt Uhu.

Der Hase erschrickt, macht einen Satz und hüpft ins nächste Rübenfeld.

Niemand will mit mir spielen, denkt Uhu und fliegt weiter.

Nach einer Weile kommt er zu einem Weiher. Er setzt sich auf einen Ast und schaut ins Wasser. Im Wasser sitzt ein Eulenkind.

„Willst du mit mir spielen?", fragt Uhu.

Das Eulenkind im Wasser aber bleibt stumm. Was Uhu auch tut, das Eulenkind im Wasser macht ihm alles nach, schlägt mit den Flügeln, zwinkert mit den Augen und nickt mit dem Kopf.

„Du bist mir zu langweilig", sagt Uhu und fliegt weiter.

Unterdessen ist die Sonne untergegangen. Im Wald ist es dunkel geworden. In den Bäumen raschelt der Wind. Hinter den Büschen kauern Gespenster. Uhu hat sich verirrt. Er hat Angst.

„Willst du mit mir spielen?", fragt plötzlich eine Stimme. Es ist ein Eulenkind, das eben aufgewacht ist.

„Ich habe mich verirrt", sagt Uhu.

„Wo wohnst du?", fragt das Eulenkind.

„Am Waldrand, hinter der dicken Eiche", antwortet Uhu.

„Komm, ich begleite dich", sagt das Eulenkind. Auf dem Weg zeigt es Uhu den Mond und die Sterne. Sie begegnen dem Fuchs und dem Marder. Die Gespenster hinter den Büschen sind nichts als große Schatten.

Auf einmal hören sie in der Ferne einen Ruf: „Uhuuu! Uhuuuu!"

Es sind Vater und Mutter Eule.

„Uhuuu! Uhuuuu!", antworten die beiden Eulenkinder.

Vater und Mutter Eule nehmen Uhu in die Mitte. Im Osten geht die Sonne auf.

„Auf Wiedersehen!", sagt das Eulenkind. „Ich geh schlafen.

„Ich auch", sagt Uhu. „Auf Wiedersehen!"

Er ist müde. Bald fallen ihm die Augen zu.

„Schlaf gut!", wünschen Vater und Mutter Eule. Und Uhu ist glücklich wie noch nie.

Maus ist Maus! Oder doch nicht?

von Katia Simon

Frieda Fledermaus gähnt. Sie ist gerade aufgewacht und schaukelt kopfüber noch ein bisschen hin und her, bevor sie ihre Flügel weit auseinander faltet. Frieda lässt den Balken los, an dem sie geschlafen hat, und flattert durch die dunkle Scheune nach draußen.

Ihre Augen müssen sich erst an die Dämmerung gewöhnen. Noch ist es zu hell für Frieda Fledermaus. Sie blinzelt und da passiert es. Sie passt nicht auf und fliegt gegen einen Baumstamm. RUMMS! Frieda fällt auf den Waldboden und landet überraschend weich.

„Aua, geh runter von mir!", schimpft eine wütende Stimme. „Du tust mir weh! Wer bist du überhaupt?"

Frieda rappelt sich erschrocken auf und reibt ihren Kopf. Da wächst jetzt eine Beule. „Oh, Entschuldigung", sagt sie. „Ich bin Frieda Fledermaus, und du?" Sie hilft dem braunen Wesen mit dem dunklen Streifen auf dem Rücken wieder auf die Beine.

„Ich bin Bruno. Ich bin auch eine Maus."

„Das kann doch nicht sein", stutzt Frieda. „Du siehst so anders aus als ich, anders als meine Geschwister und meine Eltern, anders als alle Fledermäuse, die ich kenne! Du hast ja gar keine Flügel."

„Ich bin ja auch eine Brandmaus, aber Maus ist schließlich Maus!", beharrt Bruno. Seine Augen beginnen zu leuchten. Den ganzen Nachmittag hat er vergeblich jemanden gesucht, mit dem er spielen kann, und jetzt steht Frieda vor ihm.

„Willst du meine Freundin sein?", fragt er.

Frieda hält den Kopf schief und schaut sich Bruno genau an. Nett sieht er aus und er hat lustige Knopfaugen. Warum also nicht?

„Klar", sagt Frieda und lacht. „Maus ist schließlich Maus. Los, fang mich!"

Erst fängt Bruno Frieda, dann fängt Frieda Bruno, und als Bruno Frieda wieder gefangen hat, fallen die beiden Mäuse außer Atem nebeneinander ins Gras. Aus blitzenden Kulleraugen schauen sie einander zufrieden an. Wie schön es ist, einen Freund zu haben, mit dem man Fangen spielen kann.

Da ruft eine laute Stimme aus dem Mauseloch neben der Eiche Brunos Namen.

„Schade, ich muss jetzt ins Bett", sagt Bruno traurig. „Wir Brandmäuse schlafen in der Nacht und wach sind wir am Tag."

„Lustig, bei uns Fledermäusen ist es genau andersherum", sagt Frieda und überlegt einen Moment. „Ich schlafe heute bei dir!", verkündet sie dann strahlend. „Freunde machen das doch so, oder?"

Schnell fliegt sie in die Scheune und sagt ihrem Papa Bescheid. Dann setzt sich Frieda mit an den Esstisch von Familie Brandmaus. Später kuscheln sich die beiden Mäuse zusammen in Brunos Bett. Brunos Mama liest ihnen noch eine Geschichte vor, gibt beiden einen Kuss, macht das Licht aus und lehnt die Tür an. Es dauert nicht lange und Bruno schnarcht. Aber Frieda kann nicht schlafen. Sie findet Brunos Bett so unbequem. Ihr Balken in der alten Scheune ist viel gemüt-

licher. Frieda wälzt sich hin und her, denn müde ist sie auch nicht. Schließlich ist sie noch nicht lange genug wach, um schon wieder zu schlafen. Sehnsüchtig schaut Frieda aus dem Fenster. Der Mond leuchtet hell und von der Eiche schallt das „Schu-hu!" von Eule Esmeralda herüber.

Wie gern würde Frieda jetzt draußen fliegen, Esmeralda ärgern und sich die kalte Nachtluft um die Nase wehen lassen. Frieda seufzt und wälzt sich weiter im Bett herum. Sie versucht alles, um müde zu werden, fast die ganze Nacht lang. Erst als es draußen schon dämmert, schläft Frieda endlich ein.

Die ersten Sonnenstrahlen blinzeln durch den Vorhang und Bruno springt aus dem Bett. „Toll, dass du bei mir geschlafen hast, Frieda. Was spielen wir denn jetzt?", ruft er laut.

Viel zu laut, findet Frieda. Sie ist so müde. Ihre Augen sind rot und die Sonne blendet schrecklich. Frieda muss schlafen.

Auch Bruno merkt jetzt, dass es Frieda nicht gut geht.

„Ich geh nach Hause", murmelt Frieda. „Ich muss mich an meinen Balken hängen, so wie die anderen Fledermäuse. Eine Fledermaus muss am Tag schlafen und eine Brandmaus in der Nacht!"

„Maus ist doch nicht gleich Maus!", stellt Bruno fest. „Aber Freunde sein können wir doch trotzdem, oder?", fragt er traurig.

Frieda nickt heftig mit dem Kopf, bevor sie losfliegt.

Jeden Abend, wenn es dämmert, und jeden Morgen, kurz bevor die Sonne aufgeht, treffen sich Frieda Fledermaus und Bruno Brandmaus jetzt drüben bei der alten Eiche und spielen Fangen.

Wenn Frieda später die Eule Esmeralda ärgert und mit ihren Schwestern um die Wette fliegt, dann schlummert Bruno in seinem Bett. Und wenn Bruno über Baumstümpfe balanciert und Sonnenstrahlen einfängt, dann hat Frieda es sich schon an ihrem Balken hängend gemütlich gemacht.

Paul, Zorro und der Elefantenkopfregen

von Katharina Mauder

Der Regen trommelt gegen das Kinderzimmerfenster. Paul kann die Regentropfen nicht sehen, denn es ist schon dunkel. Aber sie müssen riiiiesengroß
sein! So groß wie seine Fäuste. Oder wie Wassermelonen. Nein, noch viel
größer! Vielleicht so groß wie Elefantenköpfe?

Die riesigen Tropfen prasseln und poltern gegen die Fensterscheibe und machen einen solchen Lärm, dass Paul nicht einschlafen kann. Sein Bett fühlt sich
nicht warm und weich an wie sonst. Und auch sein Stoffdrache Zorro will sich
nicht an ihn kuscheln. Stattdessen sitzt er am anderen Ende vom Bett und hält
sich die Ohren zu.

„Wenn das so weitergeht, schwimmt noch das Haus weg!", grummelt Zorro.

Da beginnt Paul, sich Sorgen zu machen. Wo würde das Haus wohl hinschwim-
men? Eigentlich gefällt es ihm, wo er ist. Wenn das Haus allerdings nur mit
ihnen in Urlaub schwimmen würde und in zwei Wochen zurückkäme, dann
könnte das auch sehr lustig werden.

Was aber, wenn das Haus gar nicht wegschwimmt? Dann würden sich nur alle
Straßen in Flüsse verwandeln und Paul müsste ab jetzt mit dem Boot in den
Kindergarten fahren. Dann bekäme er eine Kapitänsmütze und ein Fernrohr
und wäre ein stolzer kleiner Seefahrer.

„Ahoi!", ruft er fröhlich.

Aber natürlich kann man nicht mit dem Boot fahren, solange es noch Elefantenköpfe regnet. Das wäre ja gefährlich. – Doch Moment … Es ist ja auf einmal
so still!

Paul klettert aus dem Bett und sieht nach. Im Schein der Straßenlaterne winkt
ihm gerade noch der letzte Elefantenrüssel aus dem Fluss zu, der einmal ihre
Straße gewesen ist. Dann liegt das Wasser ganz ruhig da.

Also höchste Zeit für die erste Bootsfahrt!

Denn Paul muss natürlich den neuen Fluss erkunden und nachschauen, ob denn all die anderen Häuser auch noch da sind oder ob vielleicht eines in Urlaub geschwommen ist.

Paul hat zwar kein Boot, aber Opa Ludwig hat gestern seinen Regenschirm vergessen. Der ist genauso gut! Paul schnappt sich Zorro und klettert aus dem Fenster. Er wirft den aufgespannten Regenschirm ins Wasser und springt mit Zorro hinterher.

Ach, er hat ja ganz vergessen, ein Ruder mitzunehmen. Zu blöd! Nun treiben Paul und Zorro in Opa Ludwigs Regenschirm ganz ziellos über den Fluss. Und eine Kapitänsmütze haben sie auch nicht.

„Oh je", seufzt Zorro und kuschelt sich an Paul, denn draußen ist es ziemlich kalt.

Ein leichter Wind treibt den Regenschirm mit seinen beiden Passagieren voran. Sie entfernen sich immer weiter vom Schein der Straßenlaterne und es wird immer dunkler und dunkler. Paul und Zorro kuscheln sich noch enger aneinander, und beide sind froh, nicht allein zu sein.

Plötzlich stößt der Regenschirm gegen etwas Hartes. – Eine Insel!

Sie sind gerettet! Und endlich gibt es auch etwas zu erforschen.

Paul nimmt Zorro auf den Arm und steigt aus dem Regenschirmboot. Er kann nichts sehen, aber die Insel fühlt sich merkwürdig warm und weich unter seinen Füßen an. Er macht einen Schritt vorwärts und die Insel gibt ein bisschen nach. Es ist gar nicht so einfach, aufrecht stehen zu bleiben.

Zorro schnuppert in die Luft und gähnt dann genüsslich. Nun muss auch Paul gähnen. Er will noch einen Schritt gehen, aber seine Füße verheddern sich und er fällt. Er fällt und fällt, aber er landet ganz weich – in seinem Bett.

Mmmh, gemütlich ist es hier!

Zorro kuschelt sich an ihn und beide schlafen zufrieden ein.

Der Sandmann

von James Krüss

Wenn es Nacht wird, wenn es Nacht wird
und die Lampe angemacht wird,
zieht der Sandmann durch die Stadt
und er trägt auf seinem Nacken
einen riesengroßen Packen,
wo er Träume drinnen hat.

Und dann geht er und dann geht er
zur Maria und zum Peter,
und dann streut er mit der Hand
in die Augen dieser beiden –
denn er mag sie gerne leiden –
ein paar Körner weißen Sand.

Und dann träumen und dann träumen
die zwei Kinder von den Bäumen,
die im Morgenlande sind,
von den Palmen, tief im Süden,
von den großen Pyramiden
und vom heißen Wüstenwind.

Und sie schlafen und sie schlafen.
Doch der Sandmann geht zum Hafen,
denn im Hafen liegt sein Boot.
Und das Boot ist groß und prächtig.
Und der Mast ist hoch und mächtig.
Und die Segel, die sind rot.

Und er gleitet und er gleitet
in den Himmel, der sich weitet.
Und die Winde blasen sacht.
Und er segelt mit den Träumen
in den sternenhellen Räumen
durch die große blaue Nacht.

Wenn es dunkel wird

von Pearl S. Buck

Als es dunkel wurde, kam die Mutter aus dem Haus und rief: „Es wird Abend, Kinder. Räumt eure Wagen und Dreiräder auf und kommt ins Haus!"

Michael, der das nicht gern hörte, erwiderte: „Ich will nicht, dass die Nacht kommt, ich möchte weiterspielen!"

„Ich mag noch nicht ins Bett gehen", schrie David.

Peter aber sagte gar nichts. Er sah, dass die Sonne vom Himmel verschwunden war und wie es unter den Bäumen finster wurde. Da beeilte er sich, stellte sein Dreirad in den Schuppen und lief zur Mutter, die vor der Haustür wartete.

„Gehen wir ins Haus", sagte er.

„Gleich, gleich", antwortete die Mutter, „wir wollen noch auf die anderen warten."

Nach kurzer Zeit kamen sie und alle gingen nun ins Haus. Peter drehte das Licht an. Zuerst im Hausflur, dann im Treppenhaus, dann im Kinderzimmer. Überall, wo er hinging, drehte er das Licht an. Dann wurde gebadet und gegessen, Vater und Mutter mussten noch Geschichten erzählen und nach dem Gutenachtkuss krochen sie in die Betten.

Zuerst drehte Vater im Zimmer der Mädchen das Licht aus und sagte: „Gute Nacht, ihr beiden!"

„Gute Nacht", antworteten Judith und Barbara.

Dann drehte Vater das Licht im Bubenzimmer aus. „Gute Nacht, ihr Lauser!"

„Gute Nacht", erwiderten David und Michael.

Dann kam Vater in Peters Zimmer; Peter hatte ein kleines Zimmer für sich allein. Er lag im Bett, zugedeckt bis ans Kinn.

„Vati, bitte mach das Licht nicht aus!", bat er verzagt.

Der Vater war erstaunt. „Warum, Peter", fragte er, „warum soll ich das Licht nicht ausdrehen?"

„Weil ich nicht will, dass das Dunkel in mein Zimmer kommt", antwortete Peter. Er sprach so leise, dass der Vater ihn kaum verstehen konnte.

„Aber Peter, hast du denn Angst vor der Dunkelheit?", fragte er.

„Ja!", flüsterte Peter ganz, ganz leise.

Vater setzte sich auf einen Stuhl neben dem Bett, dachte einen Augenblick nach und sagte: „Pass auf, Peter! Als ich noch ein kleiner Junge war wie du, hatte ich auch Angst vor der Dunkelheit."

„Und jetzt, jetzt hast du keine Angst mehr?", fragte Peter.

„Nein", antwortete der Vater, „jetzt brauche ich keine Angst mehr zu haben. Ich weiß, was das Dunkel ist."

„Was ist es denn?", fragte Peter.

„Die Sonne geht weg, damit wir ruhig schlafen können", sagte der Vater. „Wenn die Sonne nicht wegginge, dann könnten wir nicht schlafen, weil es zu hell wäre. Wenn wir nicht schlafen könnten, dann könnten wir auch nicht spielen und arbeiten, weil wir zu müde wären. Auch die Tiere und Pflanzen wären zu müde und könnten nicht wachsen. Deshalb geht die Sonne jeden Tag fort und lässt uns im Dunkel schlafen."

„Und das ist alles?", fragte Peter.

„Das ist alles", erwiderte der Vater. „Soll ich jetzt das Licht ausschalten?"

„Ja", sagte Peter und gleich darauf schlief er schon und die gute, stille Dunkelheit hüllte ihn ein.

Gute Nacht, Herr Löwe

von Jana Frey

Seit Lasse ein klitzekleines, neugeborenes Baby gewesen ist, gehört ihm Herr Löwe. Papa hatte ihm Herrn Löwe damals geschenkt, als er erst ein paar Stunden alt war. Damals war Herr Löwe ein ganzes Stück größer als Lasse, dann wuchs Lasse Stück für Stück und an seinem ersten Geburtstag war er genauso groß wie Herr Löwe. Heute ist Lasse drei und schon ein ganzes Stück größer als sein strubbeliger Plüschlöwe.

Und obwohl Lasse natürlich eine Menge Freunde im Kindergarten hat, ist Herr Löwe immer noch sein allerbester Freund. Er begleitet Lasse überallhin und er hat die gleiche rot-weiß geringelte Hose wie Lasse und sie ist beider Lieblingshose. Nachts schlafen Lasse und Herr Löwe Hand in Hand und noch nie ist Lasse ohne seinen Herrn Löwe eingeschlafen.

Herr Löwe geht jeden Tag mit in den Kindergarten und zum Einkaufen, er war schon ein paarmal beim Kinderarzt und beim Frisör, er geht mit Lasse auf den Spielplatz und zum Kinderturnen und in die Schwimmschule.

Und so war es auch heute. Lasse war den ganzen Tag unterwegs und Herr Löwe auch, aber am Abend beim Abendbrot sagt Lasse plötzlich: „Wo ist überhaupt mein Herr Löwe?"

„Vielleicht in deinem Zimmer", sagt Mama und schaut nach. Aber da ist er nicht.

„Vielleicht irgendwo im Haus", sagt Papa und schaut nach. Aber Herr Löwe ist verschwunden.

Lasse wird ganz zittrig und spürt schon ein paar Tränen in seinen Augen.

„Vielleicht ist er im Garten geblieben …", flüstert er und rennt hinaus.

„Herr Löwe?", ruft er immer wieder.

Mama und Papa kommen auch hinaus.

„Herr Löwe?", ruft Mama laut, und Papa schaut Mama ein bisschen verwundert an, weil sonst ja immer nur Lasse nach Herrn Löwe ruft und nicht Mama.

Aber Herr Löwe ist und bleibt verschwunden.

„Ohne Herrn Löwe kann ich nicht einschlafen", weint Lasse und darum geht die Suche weiter und weiter und weiter. Papa radelt sogar zum Spielplatz, aber dort ist der Plüschlöwe auch nicht.

Schließlich ist es schon so spät, dass Lasse nun wirklich ins Bett muss – zum ersten Mal in seinem Leben ohne Herrn Löwe.

„Ich kann nicht schlafen, ich brauche meinen Herrn Löwe!", schluchzt er und verkriecht sich unter seiner Urwaldbettdecke.

Mama bringt Lasse alle anderen Plüschtiere und Papa bringt seinen alten Holzpinocchio und Oma kommt zu einem späten Abendbesuch, um Lasse zu trösten.

„Wenn meinem Herrn Löwe etwas passiert?", flüstert Lasse ängstlich. „Er hat bestimmt Angst so allein da draußen."

„Ich glaube, Herr Löwe ist ziemlich mutig", sagt Oma.

Lasse schluckt schwer. Er ist müde und traurig und es ist kein so angenehmes Gefühl, ohne Herrn Löwe im Bett zu liegen. Seine Hand, in der er sonst Herrn Löwes Pfote hat, fühlt sich so leer an.

„Glaubt ihr, er kann ohne mich einschlafen?", murmelt Lasse schläfrig.

„Natürlich kann er das ausnahmsweise einmal", sagt Mama. „Er ist doch genauso mutig wie du."

„Und morgen suchen wir weiter?", fragt Lasse leise.

Er ist auf einmal sehr, sehr müde. Wie merkwürdig, dass man auch ohne einen Herrn Löwe im Bett einschlafen kann. Aber es scheint zu funktionieren, obwohl man natürlich trotzdem von Kopf bis Fuß traurig ist.

In diesem Moment klingelt es. Lasse ist sofort wieder hellwach. Papa geht zur Tür.

„Das gibt es doch gar nicht!", ruft er plötzlich. „Ja, wen haben wir denn da?"

„Herr Löwe!", schreit Lasse und springt zusammen mit dem Holzpinocchio aus dem Bett. Und tatsächlich, es ist Herr Löwe. Und er ist zusammen mit dem netten, kugelrunden Hausmeister vom Turnverein gekommen.

„Dieses wilde Raubtier habe ich bei den Turnmatten gefunden", sagt der Hausmeister und reicht Lasse seinen Stofflöwen.

„Er ist doch gar nicht wild", sagt Lasse. „Er ist lieb und sanft und gut."

„Vielen Dank", sagen Mama und Papa zu dem freundlichen Hausmeister. Lasse bedankt sich auch. Und dann geht er zusammen mit Herrn Löwe in sein Zimmer.

„Beinahe wäre ich ohne dich eingeschlafen", gibt er zu.

„Ich auch", flüstert Herr Löwe. „In der Hausmeistertasche. Dort war es sehr gemütlich."

„Aber du hast mir natürlich sehr gefehlt", sagt Lasse.

„Du mir auch", sagt Herr Löwe.

Und Hand in Hand gehen die beiden schlafen. So wie immer.

Das Angstpfeifchen

von Karin Jäckel

Elisabeth fürchtet sich sehr leicht. Und wenn sie sich fürchtet, dann zittert sie. Aber wie!

Manchmal zittert sie so stark, dass alles um sie herum mitzittert. Wenn sie draußen spielt, zittern die Bäume am Straßenrand, dass die Vögel von den Zweigen geschüttelt werden und die Vogelküken in den Nestern vor Schreck einen Schluckauf bekommen. Wenn Elisabeth abends im Bett liegt, schlottert zuerst das Bettgestell, als wäre es aus Wackelpudding, dann die Deckenlampe, dann der Schrank und zuletzt das ganze Haus, bis die Ziegel vom Dach springen und sogar der Schornstein bebt.

Elisabeth fürchtet sich aber auch wirklich vor allem. Vor der Katze auf Nachbars Fußabstreifer. Vor dem Wind, der um die Ecken jault. Vor Juttas kleinem Hund, der wie ein Wollknäuel auf vier Beinen aussieht und noch Milchzähne hat. Vor dem schwarzen Nachtvogel, der abends aus den Vorhängen flattert. Und sogar vor ihrem eigenen Opa, nur weil er einen neuen Hut aufgesetzt hat und ein Liedchen pfeift, das Elisabeth noch nicht kennt.

„Kind!", sagt der Opa und nimmt Elisabeth in den Arm, obwohl er nun mit ihr zusammen zittern muss, dass seine dritten Zähne klappern und sein Hörgerät verrutscht. „Kind, so geht es nicht weiter."

Als die beiden endlich ausgezittert haben, zieht der Opa ein Pfeifchen aus der Tasche und hängt es Elisabeth um. Es ist ein dünnes, silbernes Pfeifchen mit einem klitzekleinen Loch für einen einzigen Finger.

„Das ist ein Angstpfeifchen!", erklärt der Opa.

„Ein Angstpfeifchen?", staunt Elisabeth. „Und was macht man damit?"

„Man pfeift darauf", sagt der Opa. „So, schau her!" Er pfeift und bläst mit dicken Plusterbacken und lässt den Zeigefinger trillern. Es kommt aber kein Ton dabei heraus. Elisabeth muss lachen.

„Siehst du", sagt der Opa und lacht auch. „Die Angst ist weggeblasen. Es wirkt!"
Elisabeth behält das Pfeifchen gleich um.

Als sie später beim Nachbarhaus vorbeikommt, wo die Katze auf dem Fußabstreifer die Krallen wetzt, genügt ein kleines Pfeifenblasen. Schon springt
die Katze über den Zaun davon und Elisabeths Angst ist weg. Einfach verschwunden. Das ist toll!

Auch als der Wind durch die Pappeln am Spielplatz fegt, als wären tausend
Geister hinter ihm her, und Elisabeths Haare sich im Nacken sträuben, hebt sie
nur das Pfeifchen an den Mund und – pff! – schon ist der Spuk vorbei.

Selbst bei Juttas Hündchen hat die Pfeife Erfolg. Es hat nämlich so feine Ohren,
dass es hören kann, was Elisabeth bläst. Und das ist so lustig, dass das Hündchen bellen und springen, wedeln und hüpfen muss und gar nicht mehr aufhö-
ren kann, bis Elisabeth keine Puste mehr hat und das Pfeifchen absetzt. Da freut
sich Elisabeth und streichelt das Hündchen. Und wo ist die Angst? Na, wo
wohl? Pfff und fort!

„In der Nacht legst du das Pfeifchen aber bitte ab", sagt die Mutter vor dem
Schlafengehen. „Sonst drückt es dich."

Doch Elisabeth schüttelt den Kopf. „Und wenn der Nachtvogel kommt, was dann?"

Da gibt die Mutter nach und Elisabeth nimmt das Pfeifchen mit ins Bett. Die Mutter liest eine Gutenachtgeschichte vor, gibt Elisabeth noch einen Kuss, löscht das Licht und geht.

Still ist es im Kinderzimmer. Unheimlich still. Plötzlich hört Elisabeth ein Knacken am Fenster. Und da ist er. Der Nachtvogel kommt. Schwarz steigt er aus den Fensterritzen, hebt langsam die Flügel und sucht mit glühenden Augen. Elisabeth macht sich ganz klein in den Kissen. Sie zieht die Beine an und deckt sich bis über die Nasenspitze zu. Dabei spürt sie das Pfeifchen wieder.

Blitzschnell, viel schneller noch, als der Nachtvogel fliegen kann, setzt sie es an den Mund und bläst, und schon ist der Nachtvogel fort. Nur der Vorhang weht noch ein wenig im Wind und das Licht der Kugellampe vor dem Haus geht immer wieder an und aus. Die Lampe hat nämlich einen Wackelkontakt. Auf einmal fällt es Elisabeth wieder ein: Der Vater wollte längst die Neonleuchte wechseln, aber er traute sich nicht. Die Lampe war ihm zu hoch. Jetzt muss Elisabeth kichern. Ob sie ihm wohl mal das Angstpfeifchen leihen soll? Und endlich schläft sie beruhigt ein.

Hundertzwei Gespensterchen

von James Krüss

Hundertzwei Gespensterchen
saßen irgendwo hinter meinem Fensterchen.
Da erschrak ich so.
Hundertzwei Gespensterchen
waren sehr vertrackt:
An meinem Kammerfensterchen
klopften sie im Takt.
Hundertzwei Gespensterchen
haben mich erschreckt.
Weit entfernt vom Fensterchen
hab ich mich versteckt.
Hundertzwei Gespensterchen
waren plötzlich fort.
Schlich mich schnell zum Fensterchen,
fand sie nicht mehr dort.
Hundertzwei Gespensterchen,
denkt euch, wie famos,
waren an dem Fensterchen
Regentropfen bloß.

Der Drache und die Maus

von Milena Baisch

„So, jetzt wollen wir mal schlafen gehen", sagt Mama und trägt Julian zu seinem Bett.

Julian schreit laut: „Nein! Nein! Ich will nie wieder schlafen! Sonst kommt der Drache."

„Der Drache?"

Julian erzählt, dass er letzte Nacht einen Traum hatte. Der Traum war so schrecklich, dass er sich gar nicht traut, daran zu denken. Ein Drache kam darin vor. Er war riesengroß und verfolgte Julian, wohin der auch ging. Aus seinen großen Nüstern spie er Feuer, wild flackernde Flammen, die Julian beinahe berührt hätten.

Mama versteht, dass Julian vor dem bösen Drachen Angst hat.

„Da gibt es nur eins", sagt sie. „Wenn der Drache dir Angst macht, dann musst du ihm auch Angst machen."

„Das geht doch nicht!"

Julian muss gleich weinen. „Ich bin so klein, und der Drache ist sooo groß. Der hat nie im Leben Angst vor mir."

Mama geht zu Julians Spielsachen und zieht die kleine Stoffmaus heraus. „Lass doch die Maus in deinem Bett schlafen", sagt sie und drückt Julian die Stoffmaus in den Arm. „Ich verspreche dir, sie wird dich beschützen."

Julian steckt die Maus unter seine Decke und hält sich gut an ihrem Ohr fest. Nach einer Weile wird er müde und schläft ein.

Julian träumt. Er träumt von einem wunderschönen Zauberland, durch das er mit seiner Stoffmaus spazieren geht. In dem Traumland gibt es nur liebe Tiere: Schmetterlinge, Flamingos und Marienkäfer.

Doch plötzlich ertönt ein lautes, gefährliches Gedonner! Mit einer zischenden Feuerflamme kommt der Drache in den Traum und sieht Julian böse an.

Julian flüstert seiner Maus ins Ohr: „Bitte, du musst mir helfen!"

„Keine Angst, Julian", sagt die Maus. „Lass mich nur machen."

Die Maus holt tief Luft und plustert sich auf. Sie wird ganz dick, und ihr Fell sträubt sich in alle Richtungen.

Julian sieht, wie der Drache plötzlich immer kleiner wird. Er hat eine solche Angst vor der kleinen, mutigen Maus, dass er schrumpft, bis er Julian gerade mal noch bis zu den Schnürsenkeln reicht.

So einen Mini-Drachen findet Julian gar nicht mehr schlimm. Er geht einfach an ihm vorbei und erkundet mit seiner Maus weiter das schöne Zauberland.

Als Mama am nächsten Morgen zu Julian kommt, um ihn zu wecken, fragt sie, ob Julian wieder geträumt hat.

„Ja, einen schönen Traum", sagt Julian und merkt, dass seine Hand noch immer das Ohr der Maus festhält.

Übernachtungsbesuch

von Barbara Peters

Paul freut sich riesig. Heute wird sein bester Freund Jakob bei ihm übernachten.
Jakob hat einen Schlafsack mitgebracht, seinen Schlafanzug und Mia, die
Schmusemaus.
Den ganzen Nachmittag haben sie mit der Holzeisenbahn gespielt. Das war
toll! Zum Abendbrot hat Mama leckere kleine Pfannkuchen gebacken. Dann
haben sie die Luftmatratze aufgepumpt.
Jetzt liegt Jakob in seinem Schlafsack neben Pauls Bett,
und Papa liest ihnen eine Gutenachtgeschichte vor.
Das ist richtig gemütlich.

Die Geschichte ist furchtbar lustig! Paul muss ständig lachen. Sogar sein Trosthund Kalle kichert. Jakob lacht auch, aber nur ein bisschen.

Als Papa das Licht ausmacht, seufzt Jakob leise.

„Was ist los?", fragt Paul.

„Nichts", murmelt Jakob, aber Paul hört genau, dass Jakobs Stimme anders klingt als sonst. Vielleicht hat Jakob ein bisschen Heimweh? Paul weiß, wie das ist. Er übernachtet manchmal bei Oma und Opa, und am Anfang war er da auch immer etwas traurig. Plötzlich hat Paul eine Idee.

„Jakob", flüstert er. „Wollen wir zusammen in meinem Bett schlafen? Dann können wir Mia und Kalle noch eine Gutenachtgeschichte erzählen."

„Oh ja!" Schnell krabbelt Jakob mit seinem Schlafsack und der Schmusemaus in Pauls Bett. Gemeinsam denken sich Jakob und Paul eine Geschichte von Mäusen und Hunden aus. Das macht großen Spaß!

Als Mama nach einer Weile noch einmal ins Kinderzimmer schaut, schlafen alle vier tief und fest: Jakob und Paul, Schmusemaus Mia und Trosthund Kalle.

Träum schön, kleiner Bär

von Katharina Mauder

Bruno flitzt um seine Mama herum und guckt aufgeregt zu, wie sie einen großen Haufen trockener Herbstblätter und auch ein bisschen weiches, duftendes Moos in der gemeinsamen Höhle zusammenschiebt.

„Was machst du denn da?", fragt er neugierig.

Brunos Mama lächelt und sagt mit sanfter Stimme: „Ich mache es uns hübsch gemütlich. Das wird ein wunderbar weiches Bett für uns."

Bruno rennt noch einmal um sie herum und betrachtet den großen Berg knisternder Blätter von der anderen Seite.

„Und warum?", fragt Bruno schließlich.

„Na, du kleiner Naseweis, das habe ich dir doch heute schon zweimal erklärt", lacht Mama Bär. „Weil wir heute mit der Winterruhe beginnen."

Das weiß Bruno tatsächlich. Aber er ist so aufgeregt, dass er es noch einmal hören wollte. Das wird nämlich Brunos erste Winterruhe und er freut sich schon so sehr darauf, dass es überall in seinem Bauch und seinen Pfoten ganz doll kribbelt. Seine Mama hat ihm nämlich erzählt, wie wundervoll es ist, so lange zu schlafen, weil man ganz viele schöne Träume hat.

„Was werde ich denn träumen?", fragt Bruno. Er kann es kaum noch erwarten. Da lacht Mama Bär wieder. „Das musst du schon selbst herausfinden, mein Kleiner. Aber bestimmt viele aufregende Abenteuer und wunderschöne Märchenreisen."

Als Bruno das hört, saust er einmal quer durch die Höhle und noch zweimal um seine Mama. Er ist schon so neugierig auf seine Träume, dass er gar nicht stillhalten kann.

„So, fertig!", sagt Mama Bär, als der kleine Bruno gerade wieder zum Stehen kommt. „Jetzt können wir schlafen gehen."

„Yippiiieeee!", ruft Bruno. Der junge Bär rennt noch eine letzte Runde durch die Höhle und springt dann mit einem großen Satz in den Blätterhaufen. Direkt neben seine Mama, die schon auf ihn wartet.

Sie streichelt Bruno einmal sanft über den Rücken und gibt ihm einen Gutenachtkuss.

Dann legt sie den Kopf auf ihre Vorderpfoten und beginnt, tief und gleichmäßig zu atmen.

Bruno wartet.

„Und was jetzt?", fragt er schließlich, als nichts passiert.

„Jetzt wird geschlafen", murmelt seine Mama und gähnt.

Bruno wartet wieder. In seinem Bauch kribbelt es immer noch und sein Herz pocht. Er wartet und wartet. Aber wieder passiert nichts.

„Mama, ich glaube, ich kann nicht einschlafen."

Mama Bär seufzt: „Ach, mein kleiner Zappelbär. Das ist ja auch kein Wunder, so wie du den ganzen Abend herumgerannt bist. Als Erstes musst du dich mal beruhigen."

Bruno hat keine Ahnung, wie man so etwas anstellt. Er zappelt unruhig hin und her.

„Also, jetzt kuschelst du dich erst einmal ganz dicht an mich."

Bruno schmiegt sich an seine Mama, die beschützend den Arm um den kleinen Bären legt. Sie streichelt ihm ganz sachte über den Kopf.

„Na, fühlt sich das nicht schön warm und weich an?", flüstert Mama Bär.

Bruno seufzt wohlig.

„Und jetzt musst du tiiiief ein- und wieder ausatmen. Nein, nicht ganz so tief und auch nicht so schnell. Schön langsam, ruhig und gleichmäßig. So, dass es sich gemütlich anfühlt. Ein und wieder aus. Ein und wieder aus. Ist die klare Winterluft nicht herrlich? Kannst du auch schon den Schnee riechen? Ganz bestimmt schneit es bald. Aber dann haben wir es schön warm und trocken in unserer Höhle."

Bruno und Mama Bär brummen beide zufrieden und kuscheln sich noch enger aneinander.

„Spürst du die Wärme und wie gemütlich das Herbstlaub ist? Spürst du, wie deine Pfoten und deine Beine schwer werden? Und auch dein Kopf und dein ganzer kleiner Bärenkörper?

Und jetzt stell dir vor, was du als Erstes träumen könntest. Vielleicht von einem schönen, sonnigen Waldspaziergang mit tausend duftenden Blumen überall? Oder von einem Bootsausflug auf dem See? Oder …"

Aber da ist Bruno schon eingeschlafen.

Wer hat die schönsten Schäfchen

von Heinrich Hoffmann von Fallersleben

Wer hat die schönsten Schäfchen?
Die hat der goldne Mond,
der hinter unseren Bäumen
am Himmel droben wohnt.

Er kommt am späten Abend,
wenn alles schlafen will,
hervor aus seinem Hause
am Himmel leis und still.

Dann weidet er die Schäfchen
auf seiner blauen Flur;
denn all die weißen Sterne
sind seine Schäfchen nur.

Sie tun sich nichts zuleide,
hat eins das andre gern.
Und Schwestern sind und Brüder
da droben Stern an Stern.

Die Sterntaler

von Brüder Grimm

Es war einmal ein kleines Mädchen, dem waren Vater und Mutter gestorben, und es war so arm, dass es kein Kämmerchen mehr hatte, darin zu wohnen, und kein Bettchen mehr hatte, darin zu schlafen, und endlich gar nichts mehr als die Kleider auf dem Leib und ein Stückchen Brot in der Hand, das ihm ein mitleidiges Herz geschenkt hatte.

Es war aber gut und fromm. Und weil es so von aller Welt verlassen war, ging es im Vertrauen auf den lieben Gott hinaus ins Feld.

Da begegnete ihm ein armer Mann, der sprach: „Ach, gib mir etwas zu essen, ich bin so hungrig."

Es reichte ihm das ganze Stückchen Brot und sagte: „Gott segne dir's", und ging weiter.

Da kam ein Kind, das jammerte und sprach: „Es friert mich so an meinem Kopfe, schenk mir etwas, womit ich ihn bedecken kann." Da tat es seine Mütze ab und gab sie ihm.

Und als es noch eine Weile gegangen war, kam wieder ein Kind und hatte kein Leibchen an und fror: Da gab es ihm seins; und noch weiter, da bat eins um ein Röcklein, das gab es auch von sich hin.

Endlich gelangte es in einen Wald, und es war schon dunkel geworden, da kam noch eins und bat um ein Hemdlein, und das fromme Mädchen dachte: „Es ist dunkle Nacht, da sieht dich niemand, du kannst wohl dein Hemd weggeben", und zog das Hemd ab und gab es auch noch hin.

Und wie es so stand und gar nichts mehr hatte, fielen auf einmal die Sterne vom Himmel und waren lauter blanke Taler; und ob es gleich sein Hemdlein weggegeben, so hatte es ein neues an, und das war vom allerfeinsten Linnen. Da sammelte es sich die Taler hinein und war reich für sein Lebtag.

Der gute Mond

von Sabine Kalwitzki

Der Tag neigt sich dem Ende zu. Träge schickt die Sonne ihre letzten milden Strahlen auf die Erde und taucht Bäume und Felder, Blumen und Wälder in warmes Dämmerlicht. Auch auf dem Hof von Bauer Abendruh wird es langsam still.

„Gute Nacht, ihr Lieben", sagt die Sonne und versinkt langsam hinter den grünen Hügeln.

Die Enten auf dem Teich schwimmen ans Ufer und lassen sich unter den hängenden Zweigen der alten Weide in ihrem Nest nieder. Vorsichtig nimmt die Entenmutter ihre Küken unter die Fittiche und deckt sie mit ihren warmen Federn zu.

Die Küken sind heute zum ersten Mal auf dem Teich geschwommen. War das aufregend! Nun merken sie, wie müde ihre kleinen Füßchen sind, und sie freuen sich über ihr bequemes Nest.

„Macht die Augen zu, meine Lieblinge!", sagt die Entenmama. „Ich wünsche euch schöne Träume."

Und die Entenküken kuscheln sich fest aneinander und schlafen warm und sicher ein.

Gar nicht weit weg, drüben im großen Stall, legt sich auch das kleine Fohlen zur Ruhe. Den ganzen Tag hat es auf der Weide gespielt und ist übermütig den Schmetterlingen hinterhergesprungen. Welch eine Freude, so über die Koppel zu jagen und sich im Gras zu wälzen!

Aber jetzt ist das Fohlen müde. Wie warm das Stroh ist! Und wie angenehm es duftet!

Die Pferdemama schnuppert liebevoll am Fell ihres kleinen Lieblings und schnaubt leise mit den Nüstern: „Schlaf gut, meine kleine Prinzessin! Wie schön, dass ich dich habe!"

Das kleine Fohlen genießt die Nähe seiner Mama und schläft friedlich ein.

Auch die jungen Kätzchen kuscheln sich ganz eng zusammen. Sie haben den großen Stall erforscht und Fangen gespielt. Wie müde sie jetzt sind!

Alle sieben kleinen Katzen liegen bei ihrer Mutter in einer warmen Höhle aus Stroh, die sie ihnen für die Nacht bereitet hat: die kleine rote, die getigerte, die schwarz-weiß getupfte, die so besonders neugierig ist, die kleine mit dem schneeweißen Fell und die freche schwarze mit den weißen Pfötchen. Die beiden kleinsten Kätzchen haben noch Durst und trinken einen letzten Schluck warme Milch. Hmm, ist das gut!

Die kleinen Kätzchen strecken sich, müde von diesem langen Tag. Warm und friedlich liegen sie am Bauch ihrer Katzenmama und genießen das zarte Schnurren, das sie hören und spüren können und das ihnen das Gefühl gibt, sicher und geborgen zu sein. „Habt eine gute Nacht!", schnurrt die Katzenmama. „Ich bin bei euch und passe auf euch auf."

Und die Katzenbabys schließen ihre Augen und schlafen wohlig ein.

Nun ist es ganz still im Stall. Friedlich und leise senkt sich die Dunkelheit über die kleinen und großen Tiere auf Bauer Abendruhs Hof.

Der Mond steigt am Himmel empor, hoch über die Baumspitze der alten Weide, unter der die Entenküken schlafen. Er kann die Entchen sehen, wenn er durch die Zweige lugt. Sie schlafen warm und sicher. Der Mond schickt sein

silbernes Licht auch in den großen Stall. Das kleine Fohlen träumt ruhig und friedlich. Und die Katzenbabys genießen im Schlaf das wärmende Fell ihrer Mutter.

Es ist gut, denkt der Mond. Die kleinen und großen Tiere schlafen friedlich und ich wache über sie. Ob auch schon alle Kinder schlafen? Der Mond setzt seine Reise über den Himmel fort und leuchtet in die Kinderzimmer hinein.

Der kleine Junge von Bauer Abendruh hält seinen Teddy fest im Arm und lächelt im Schlaf. Sein Schwesterchen nuckelt am Daumen.

Es ist gut, denkt der Mond. Schlaft ruhig und friedlich, ihr kleinen Mädchen und Jungen, all ihr wunderschönen Kinder, die ihr so neugierig ins Leben geht. Schlaft gut in den neuen Tag!

Nachtgebet

von Luise Hensel

Müde bin ich, geh zur Ruh,
schließe beide Äuglein zu.
Vater, lass die Augen dein
über meinem Bette sein.

Alle, die mir sind verwandt,
Gott, lass ruhn in deiner Hand.
Alle Menschen, groß und klein,
sollen dir befohlen sein.

Kranken Herzen sende Ruh,
nasse Augen schließe zu.
Lass den Mond am Himmel stehn
und die stille Welt besehn!

Großer Bär und kleiner Bär

von Julia Boehme

An einem warmen Sommertag liegen Ben und Balthasar in der Hängematte vor ihrem kunterbunten Bärenhäuschen. Ben liest ein dickes Buch über Bären: über Eisbären, Koalabären, Nasenbären und die schwarzweißen Pandabären. Eigentlich wollte er das Buch ja gemeinsam mit Balthasar angucken, aber der ist einfach eingeschlafen. So blättert Ben alleine weiter.

„Was? Das gibt es doch gar nicht!", ruft er plötzlich so laut, dass Balthasar aufwacht. „Hast du gewusst, dass es auch am Himmel Bären gibt?", fragt Ben seinen Freund.

„Was?", murmelt Balthasar verschlafen und reibt sich die Augen mit seinen Vordertatzen.

„Hier steht", erklärt Ben und zeigt in sein Buch, „dass es auch hoch oben am Himmel Bären gibt. Zwei Stück, um genau zu sein: nämlich einen großen Bären und einen kleinen. Man soll sie sogar hier von der Erde aus sehen können!"

Balthasar blinzelt in den hellen Sonnenhimmel. „Wo denn? Ich sehe keine Bären!" Ben liest noch einmal nach.

„Man kann sie nur am Sternenhimmel sehen!", sagt er dann.

„Wahrscheinlich schlafen sie tagsüber!", überlegt Balthasar.

„Ja, genau wie du!" Ben lacht, dass die Hängematte wackelt.

Den ganzen Nachmittag warten die beiden Bärenfreunde ungeduldig darauf, dass es Abend wird. Endlich geht die Sonne hinter dem See unter. Der Himmel wird langsam grau, dann schwarz. Im leichten Abendwind schaukeln Ben und Balthasar in der Hängematte und schauen zum Himmel. Unzählige Sterne blitzen, blinken und glitzern, dass es eine wahre Pracht ist.

„Da!", ruft Ben auf einmal und zeigt zum Himmel. „Da sind sie!"

Und wirklich: Zwei Bären, ein großer und ein kleiner, stehen oben leuchtend am Sternenhimmel und schauen zu ihnen hinab.

„Oh ja!", flüstert Balthasar. „Und nett sehen sie aus. Ich wette, die beiden sind auch so gut befreundet wie wir!"

„Bestimmt!", brummt Ben und legt seine Tatze um Balthasar.

„Meinst du, wir können sie mal besuchen?", fragt Balthasar.

Ben überlegt: „Ich weiß nicht, sie sind doch so weit weg!"

„Aber sehen können wir uns doch!", meint Balthasar und winkt den beiden Bären am Himmel zu. Und der große und der kleine Bär hoch oben winken zurück.

Ben reibt sich verdutzt die Augen. Das gibt es doch gar nicht? – Doch, sie winken tatsächlich! Und Ben winkt auch!

Quellenverzeichnis

Wir danken nachstehenden AutorInnen und Verlagen für die freundlich erteilte Abdruck-erlaubnis:

Baisch, Milena, *Der Drache und die Maus*, © bei der Autorin

Boehme, Julia, *Großer Bär und kleiner Bär*, aus: Julia Boehme, 3-Minuten-Bärengeschichten, © 2002 Loewe Verlag GmbH, Bindlach

Bolliger, Max, *Uhu, das Eulenkind*, aus: Max Bolliger, Bevor du einschläfst. Gebete, Gedichte, Geschichten zur guten Nacht, © Verlag Herder GmbH, Freiburg i. Br., 2. Auflage 2003, S. 20–22

Buck, Pearl S., *Wenn es dunkel wird*, aus: Pearl S. Buck, Geschichten für kleine Kinder, © 1969 Rudolf Trauner Verlag, Linz

Ende, Michael, *Zum Einschlafen zu murmeln*, aus: Michael Ende, Das Schnurpsenbuch, © 1979 by Thienemann Verlag (Thienemann Verlag GmbH), Stuttgart/Wien. www.thienemann.de

Frey, Jana, *Gute Nacht, Faustus Fuchs / Gute Nacht, Herr Löwe*, aus: Eva Muszynski, Gute Nacht, ihr lieben Tiere, Text von Jana Frey, © 2003 by Ravensubrger Buchverlag Otto Maier GmbH, Ravensburg

Herzog, Annette, *Wenn ein Monster keinen Teddy hat*, © 2005 by Carlsen Verlag GmbH, Hamburg

Hofbauer, Friedl, *Das ganz kleine Gespenst*, Nacherzählung, © bei der Autorin

Jäckel, Karin, *Das Angstpfeifchen*, © bei der Autorin

Kalwitzki, Sabine, *Der gute Mond*, leicht veränderter Auszug aus: Sabine Kalwitzki, Flieg mit auf der Kuschelwolke, © 2003 Loewe Verlag GmbH, Bindlach

Kellner, Ingrid, *Sophies Schutzengel*, aus: Ingrid Kellner/Allererste Geschichten zum Kuscheln und Liebhaben, © 2001 Arena Verlag GmbH, Würzburg

Krüss, James, *Hundertzwei Gespensterchen / Der Sandmann*, aus: James Krüss, Der wohltemperierte Leierkasten, © 1989 cbj Verlag, München, in der Verlagsgruppe Random House GmbH

Mauder, Katharina, *Paul, Zorro und der Elefantenkopfregen / Träum schön, kleiner Bär*, © bei der Autorin

Michaelis, Antonia, *Es gurgelt nachts in der Wasserleitung*, S. 30-33, aus: Antonia Michaelis, Die wilden Prinzessinnen. Vorlesegeschichten, © Verlag Herder GmbH, Freiburg i. Br., 2008

Michels, Tilde, *Der geraubte Schlaf*, © bei der Autorin

Peters, Barbara, *Ein Traum für Anne / Übernachtungsbesuch*, aus: Barbara Peters, Kuschelgeschich-ten, © 2011 Esslinger Verlag J. F. Schreiber GmbH

Ruck-Pauquèt, Gina, *Faultier-Träume / Der kleine Zauberer und das Sternchen*, © bei der Autorin

Simon, Katia, *Bei Oma ist alles anders / Maus ist Maus! Oder doch nicht?*, © bei der Autorin

Le Touzé, Anne Isabelle, *Das Traumschaf*, © Coppenrath Verlag, Münster, Deutschland 2006

Wich, Henriette, *Ritterfest auf der Kissenburg*, © bei der Autorin

Wölfel, Ursula, *Ein schöner Tag*, © bei der Autorin

Leider konnten wir trotz aufwendiger Recherchen nicht zu allen Texten den/die Rechts-inhaberIn ausfindig machen. Für Hinweise sind Verlag und Herausgeberin dankbar.